精品课程新形态教材
21世纪应用型人才培养“十四五”教材
新时代创新型人才培养精品教材

Python 在财务中的应用

曾 峻 陈 逵 杨晓辉 主编

中国商业出版社

图书在版编目（CIP）数据

Python 在财务中的应用 / 曾峻，陈逵，杨晓辉主编．—北京：中国商业出版社，2024. 2

ISBN 978-7-5208-2843-7

Ⅰ. ①P… Ⅱ. ①曾… ②陈… ③杨… Ⅲ. ①软件工具-程序设计-应用-财务会计 Ⅳ. ①F234. 4-39

中国国家版本馆 CIP 数据核字（2023）第 247240 号

责任编辑：聂立芳
策划编辑：张 盈

中国商业出版社出版发行
（www. zgsycb. com 100053 北京广安门内报国寺 1 号）
总编室：010-63180647 编辑室：010-63033100
发行部：010-83120835/8286
新华书店经销
涿州汇美亿浓印刷有限公司印刷

* * * * *

787 毫米×1092 毫米 16 开 13. 5 印张 272 千字
2024 年 2 月第 1 版 2024 年 2 月第 1 次印刷
定价：39. 60 元

* * * *

（如有印装质量问题可更换）

《Python在财务中的应用》

编委会

主　编：曾　峻　陈　逵　杨晓辉

副主编：刘　莉　付　勇　陈　捷

前　言

党的二十大报告提出："加快发展数字经济，促进数字经济和实体经济深度融合"，这是抓住世界科技革命和产业变革机遇、抢占未来发展制高点的客观要求和有力举措。2023年2月27日，中共中央、国务院印发的《数字中国建设整体布局规划》明确提出：到2025年基本形成横向打通、纵向贯通、协调有力的一体化推进格局，数字中国建设取得重要进展；到2035年数字化发展水平进入世界前列，数字中国建设取得重大成就。在这个数字经济时代背景下，建设数字中国是数字时代推进中国式现代化的重要引擎，是构筑国家竞争新优势的有力支撑。

数字经济的蓬勃发展正在引发影响深远的产业变革，形成新的生产方式、产业形态、商业模式和经济增长点。在此过程中不仅要求企业发展智能装备和智能产品，建设相应的智能化管理系统，而且亟须熟练掌握现代信息技术的高水平经营管理人才。会计是企业经营管理人才的重要储备来源，而新技术的发展也对财会人员提出了新的要求。掌握新技术方法，深入挖掘数据价值，提升数据洞察能力，不仅是企业会计部门数字化转型的必经之路，也是财会人员转型的必然选择。对业务数据挖掘、数据清洗、数据分析、数据可视化等数据处理和应用的能力将会成为财会人员的核心竞争力。

在众多编程语言中，Python是最适合数字经济时代进行大数据处理的程序语言了，它简单易学、功能强大，在人工智能、数据分析等行业领域得到广泛应用。本书以财务应用场景为主线，首先介绍了Python基础知识，然后重点讲解了Python语言在财会领域的应用和综合实践，旨在培养学生利用Python分析财务数据、进行财务决策的数据分析思维能力，为后续深入学习其他大数据课程夯实基础。

本书内容安排合理、重点突出，适合作为会计、财务管理、审计、工商管理、市场营销、信息管理等相关专业的教学用书，也对企业中高层管理人员学习了解Python在财务中的应用提供有益的参考。

本书的编写得到了用友新道公司的大力支持。

在编写过程中，我们参考了一些大数据分析的文献资料，在此对其作者表示衷心的感谢，也向所有参与本书编写出版工作的有关人员表示衷心的感谢！

由于水平有限，书中难免存在疏漏之处，敬请广大读者批评指正。

编　者

Contents 目录

第一章
Python 简介与安装使用

教学目的

通过教学使学生了解Python语言的发展历史、语言特点及应用领域，掌握开发环境搭建，能够熟练使用Python IDLE，能够完成扩展库的安装及模块导入。

思政目标

在大数据时代，学生要明确使用技术的法律与道德底线，规范网络使用习惯，明确网络安全的重要性，不传播虚假信息，不侵犯个人隐私，在学习技术的同时培养学生的职业操守与职业素养，避免非法的网络攻击等行为损害国家安全。

第一节 Python 简介

一、Python 的诞生与发展

Python 的作者是 Guido von Rossum，荷兰人，1982 年毕业于阿姆斯特丹大学（University of Amsterdam），获得数学和计算机硕士学位，并长期从事与计算机有关的编程工作。

在当时，主要的编程语言有 Pascal、C、Fortran 等，这些语言的基本设计原则是让机器能更快运行。在 20 世纪 80 年代，虽然 IBM 和苹果公司已经掀起了个人电脑浪潮，但这些个人电脑的配置很低。比如早期的 Macintosh，只有 8MHz 的 CPU 主频和 128KB 的 RAM，一个大的数组就能占满内存。所有的编译器的核心是做优化，以便让程序能够运行。为了增进效率，语言也迫使程序员像计算机一样思考，以便能写出更符合机器口味的程序。

这种编程方式让 Guido 感到苦恼。Guido 知道如何用 C 语言写出一个功能，但整个编写过程需要耗费大量的时间，即使他已经准确地知道了如何实现。当然，他的另一个选择是 shell。Bourne Shell 作为 UNIX 系统的解释器已经长期存在。UNIX 的管理员们常常用 shell 去写一些简单的脚本，以进行一些系统维护的工作，比如定期备份、文件系统管理等。shell 可以像胶水一样，将 UNIX 下的许多功能连接在一起。许多 C 语言下上百行的程序，在 shell 下只用几行就可以完成。然而，shell 的本质是调用命令，它并不是一个真正的语言。比如说，shell 没有数值型的数据类型，加法运算都很复杂。总之，shell 不能全面地调用计算机的功能。

Guido 希望有一种语言，这种语言能够像 C 语言那样，能够全面调用计算机的功能接口，又可以像 shell 那样，可以轻松地编程。ABC 语言让 Guido 看到希望。ABC 是由荷兰的数学和计算机研究所开发的。Guido 在该研究所工作，并参与 ABC 语言的开发。ABC 语言以教学为目的。与当时的大部分语言不同，ABC 语言的目标是“让用户感觉更好”。ABC 语言希望让语言变得容易阅读，容易使用，容易记忆，容易学习，并以此来激发人们学习编程的兴趣。

但是，ABC 语言最终没有流行起来。在当时，ABC 语言编译器需要比较高配置的电脑才能运行。而这些电脑的使用者通常精通计算机，他们更多考虑程序的效率，而非它的学习难度。除了硬件上的困难外，ABC 语言的设计也存在如下一些致命的问题。

可拓展性差。ABC 语言不是模块化语言。如果想在 ABC 语言中增加功能，比如对图形化的支持，就必须改动很多地方。

不能直接进行输入和输出。ABC 语言不能直接操作文件系统。尽管你可以通过诸如文本流的方式导入数据，但 ABC 无法直接读写文件。输入和输出的困难对于计算机语言来说是致命的。你能想象一个打不开车门的跑车吗？

过度革新。ABC 用自然语言的方式来表达程序的意义，比如上面程序中的 HOW TO。然而对于程序员来说，他们更习惯用 function 或者 define 来定义一个函数。同样，程序员更习惯用等号来分配变量。尽管 ABC 语言很特别，但学习难度也很大。

在这些背景下，据说是为了打发圣诞节无聊的假期，1989 年 Guido 开始写 Python 语言的编译器。Python 这个名字，来自 Guido 所挚爱的电视剧 Monty Python' s Flying Circus（蒙蒂·派森的飞行马戏团）。他希望这个新的叫作 Python 的语言，能符合他的理想：创造一种 C 和 shell 之间，功能全面、易学易用、可拓展的语言。

二、Python 语言的特点

自 1991 年初 Python 诞生以来，已经成为最受欢迎的程序设计语言之一。那么，Python 为什么能够在众多的语言中脱颖而出呢？主要是它具有很多优秀的特点。

1. 简单。Python 力求一个问题用一种方式解决，是代表简单主义思想的语言；在阅读 Python 代码时，你会有一种阅读英文的感觉，因为相比其他语言，Python 经常使用英文关键字做各种定义；Python 语法简单，容易上手。

2. 免费开源。Python 是 FLOSS（自由/开放源码软件）之一。无论是安装还是使用，均不需要付费。这是 Python 能够在众多语言当中脱颖而出的重要原因之一。它的许多程序都来自全球各地学者的无私奉献。

3. 面向对象。Python 是一种面向对象的语言，同时也支持面向过程。

4. 可移植性。基于它的开源性本质，Python 已经被移植到许多平台上运行使用（基于不同系统的不同特性可能需要经过些许改动），这些平台包括 Windows、Linux、Mac 等。

5. 可扩展性。如果你想编写一些不愿意开放的算法，或者需要加快关键代码的运行速度，那么可以使用 C/C++语言来完成那部分程序的编写，然后从你的 Python 程序中调用它们。

6. 可嵌入性。可以把 Python 嵌入 C/C++程序，从而向你的程序用户提供脚本功能。

7. 丰富的库。Python 有着庞大的标准库，可以帮你处理各种工作，包括正则表达式、线程、数据库、网页浏览器、FTP、电子邮件、CGL、XML、GUI（图形用户界面）、Tk 等与系统有关的操作。只要安装了 Python，那么上述功能都是可用的。除了标准库以外，还有许多其他很实用的库，比如 wxPython、Twisted 和 Python 的图像库等。

第二节　Python 的安装

一、Python 的下载

运行 Python 程序的关键是安装 Python 语言解释器。Python 解释器安装程序是一个轻量级的小尺寸软件，文件大小为 25~30MB，下载网址 https：//www. python. org/downloads/，其下载界面如图 1-1 所示。

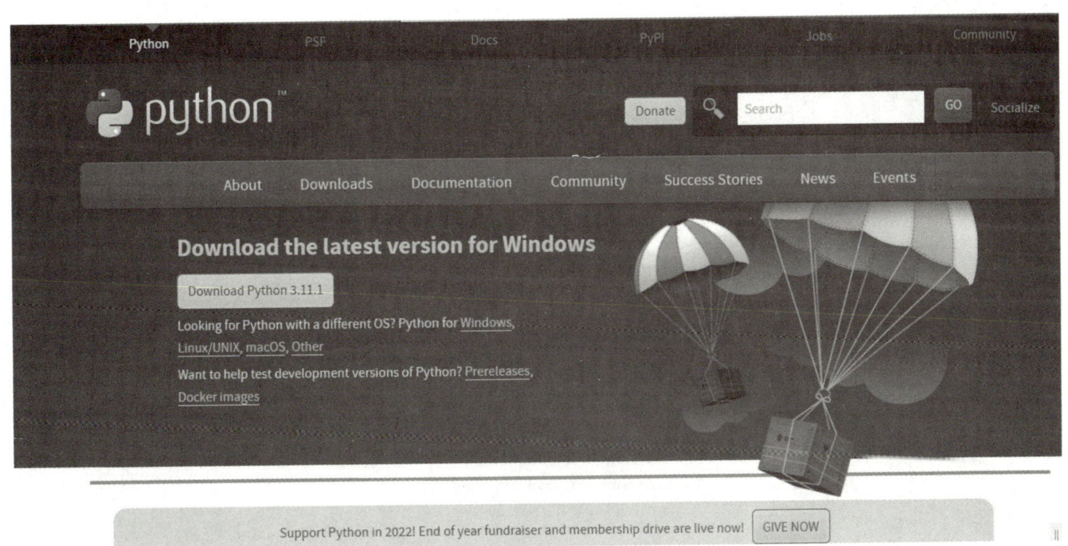

图 1-1

也可以到相关的中文网站下载 Python 的安装程序，网址 https：//python123. io/download/，其下载界面如图 1-2 所示。

图 1-2

无论哪个网站下载 Python 解释器的安装程序，都要选择所用的操作系统。对于初学者来说，出于稳定性和兼容性角度考虑，不建议选用最新版本。

二、Python 的安装

Python 解释器的安装会启动一个引导过程，以 Windows 操作系统为例，该过程如图 1-3 所示。

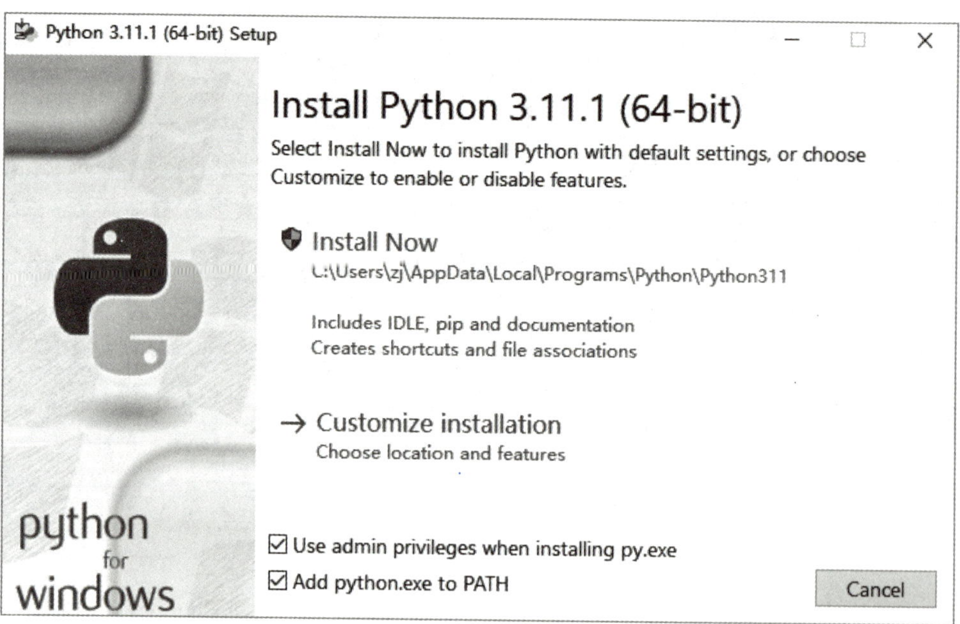

图 1-3

点击“Install Now”，开始安装 Python 解释器。安装成功后将显示如图 1-4 所示界面：

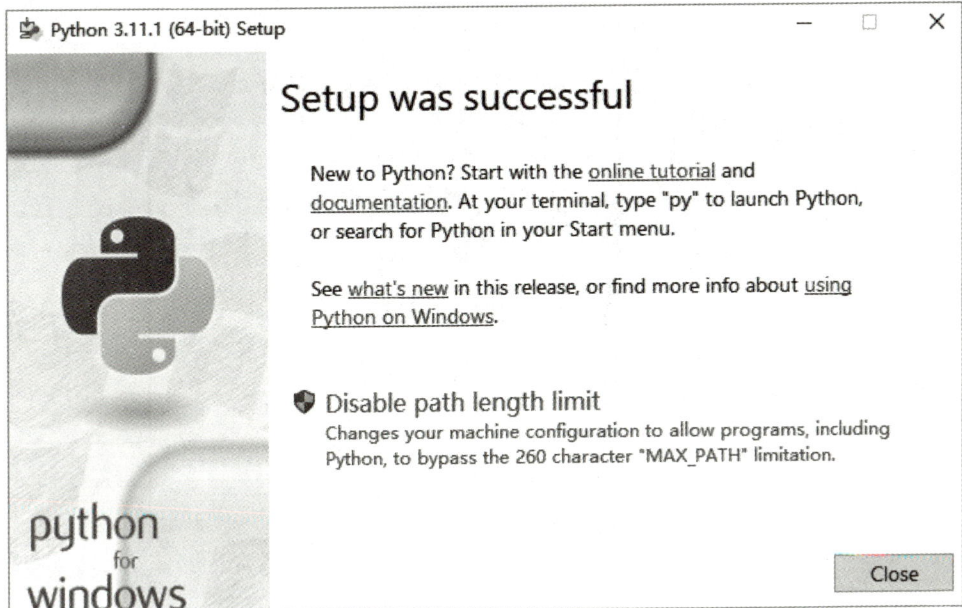

图 1-4

三、Anaconda 的安装

Anaconda 支持 Windows、Linux 和 Mac OS 操作系统，主要提供了 Jupyter Notebook 和 Spyder 两个开发环境，自带大量的常用数据库，得到了广大初学者和教学、科研人员的喜爱。使用浏览器打开 Anaconda 官方网站，下载合适的版本并安装（图 1-5）。

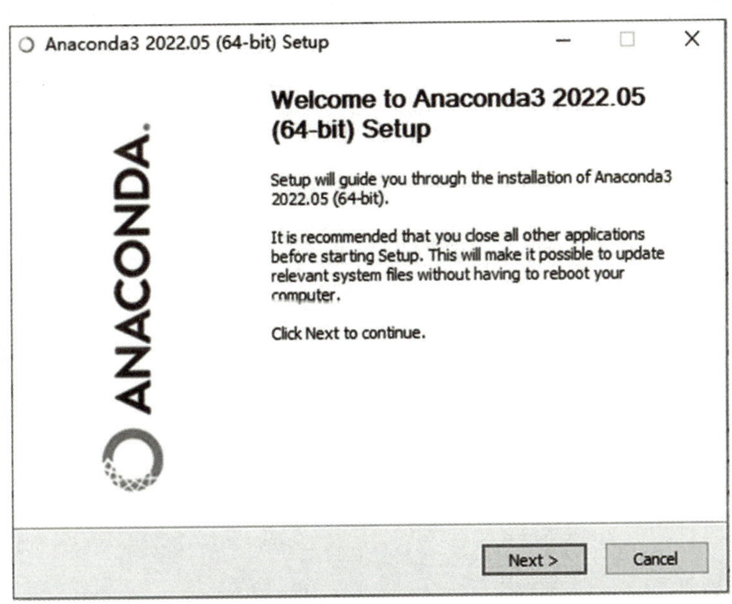

图 1-5

安装成功后显示界面（图 1-6）：

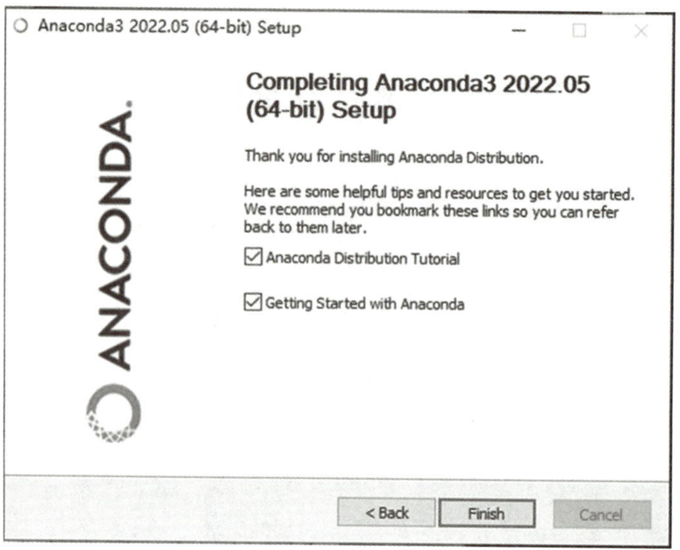

图 1-6

第三节　初识 Python 程序

一、Python 程序的编辑方式

对于初学者，建议使用 Python 安装包自带的 IDLE 进行代码开发。以 Windows 操作系统为例，在“开始”菜单中搜索关键词“IDLE”找到快捷方式，启动后显示一个交互式 Python 运行环境，如图 1-7 所示。

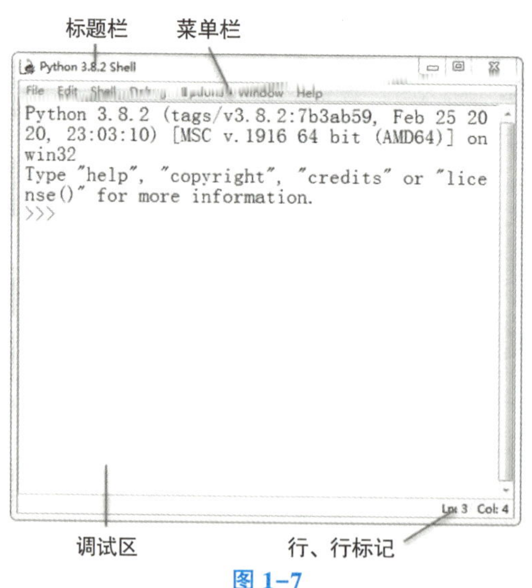

图 1-7

如图 1-7 所示，IDLE 界面主要包括标题栏、菜单栏和调试区等部分。可以用来编写几百行以内的代码，进一步可将代码保持为 Python 文件，一般使用 . py 扩展名。

二、Python 程序的运行方式

Python 程序有两种运行方式：交互式和文件式。交互式利用 Python 解释器即时响应用户输入的代码并输出结果。文件式将 Python 程序写在一个或多个文件中，启动 Python 解释器批量执行文件中的代码。交互式一般用于调试少量代码，文件式是最常用的编程方式。

启动 IDLE 所显示的环境是 Python 交互式运行环境，如图 1-7 所示。在“>>>”提示符后输入代码即可运行，输入 exit( )或者 quit( )可以退出，没有“>>>”的行表示运行结果。

```
>>> a = 100
>>> a = a + 1
>>> print(a)
101
```

当要编写一个较为复杂的程序时，会包含很多代码，在 IDLE 中执行“File”“New File”命令，打开代码编辑器界面，在该编辑器中可以直接输入多行代码，可以使用快捷键 F5 或在菜单中选择“Run/Run Module”选项运行该代码。

```
grade = int(input())
if grade >= 60:print("及格")
else:print('不及格')
```

三、Python 程序实例

为了让读者能够更好地使用 IDLE 进行 Python 程序设计，本节给出几个小程序，促进了解 Python 语言的编程格式和风格，为后续编写复杂代码做好准备。

输入两个整数，求两个数的和以及平均值。

```
m = eval(input("输入第一个整数:"))
n = eval(input("输入第二个整数:"))

sum = m + n
avg = (m + n) / 2

print("两个数的和是:", sum)
print("两个数的平均值是:", avg)
```

用 Python 程序绘制一群切线圆。

```
import turtle

t = turtle.Turtle()

# radius for smallest circle
r = 10

# number of circles
n = 10

# loop for printing tangent circles
for i in range(1, n + 1, 1):
    t.circle(r * i)
turtle.done()
```

用Python程序绘制一个五角星图形

```
import turtle

def paint():
    t = turtle
    t.speed(2)
    for i in range(5):
        t.forward(100)
        t.left(72)
        print(t.pos())
        t.forward(100)
        t.right(144)
        print(t.pos())

    t.goto(180.90, -58.78)
    t.penup()
    t.goto(130.90, 95.11)
    t.pendown()
    t.goto(130.90, -95.11)
    t.penup()
    t.goto(261.80, 0.00)
```

```
    t.pendown()
    t.goto(80.90, -58.78)
    t.penup()
    t.goto(211.80, -153.88)
    t.pendown()
    t.goto(100.00, 0.00)
    t.penup()
    t.goto(50.00, -153.88)
    t.pendown()
    t.goto(161.80, 0.00)
    t.hideturtle()
    t.mainloop()

if __name__ == '__main__':
    paint()
```

第二章 Python 变量及基本数据类型

教学目的

使学生掌握Python 变量、数字、字符串、元组、字典、列表、集合等概念，并能熟练使用。

思政目标

通过 Python 语言基本概念的学习，学会如何正确、合理地使用变量和数据类型，关注技术的社会、经济和环境影响，培养社会责任感和道德意识，帮助他们树立科学文明的人生观。

第一节 Python 变量

一、Python 变量

什么是 Python 变量？

变量和常量是程序处理的两种基本数据对象。所谓常量，是指不能改变的字面值，例如，一个数字 3，一个列表［1，2，3］，一个字符串“Hello world.”，一个元组（4，5，6），都是常量。而变量一般是指值可以变化的量。在 Python 中，不仅变量的值是可以变化的，变量的类型也是随时可以发生改变的。另外，在 Python 中，不需要事先声明变量名及其类型，赋值语句可以直接创建任意类型的变量。例如，下面第一条语句创建了变量 a，并赋值为 1。

```
a = 1
```

赋值语句的执行过程是：首先把等号右侧表达式的值计算出来，然后在内存中寻找一个位置把值存储进去，最后创建变量并指向这个内存地址。那么你在后边需要再次用到这个数据的时候，就再也找不到它了。所以变量的意义就是确定目标并提供存放的空间。

二、变量的赋值

（一）变量的赋值

Python 的变量通过“=”等号来赋值，例如：

```
country = "China"
```

等号的左边 country 是变量名，等号的右边是该变量所赋的值 China。

数字赋值：Python 定义数字不需要引号，直接赋值即可。例如：

```
year = 2020
temperature = 36.5
```

字符串赋值：需要加上英文引号（通常使用英文双引号）。例如：

```
url = "https://cloud.seentao.com/"
con = "人生苦短,我用 Python"
```

（二）变量的重新赋值

即使变量已经赋值，也可以给这个变量重新赋值。方法与赋值方法一致。

```
#重新给变量赋值
name = '乌曼巴'
#重新赋值
name = '得分手'
#再次赋值(同一变量可以保存不同类型的值)
name = True   #(布尔类型)
```

（三）同时给多个变量赋值

同时给不同的变量赋不同的值：变量 1，变量 2，变量 3，… =数据 1，数据 2，数据 3，…

```
#给多个变量同时赋不同的值
a, b, c = 1, 2, 3
```

同时给不同的变量赋相同的值：变量 1 =变量 2 =变量 3 = … =数据

```
#给不同的变量赋相同的值
c1 = c2 = c3 = 33
```

（四）交换多个变量的值

两个或多个变量之间可以把变量的值进行交换。例如：

```
#交换两个变量的值
x = 1
```

```
y = 2

x, y = y, x

#交换三个变量的值
x1 = 1
x2 = 2
x3 = 3

x1, x2, x3 = x3, x1, x2
```

（五）变量的命名

变量用的好或不好，和代码质量有着非常重要的联系。合理地使用变量，可以让你的代码可读性更高并且更加简洁。

1. 命名规则（表 2-1）

（1）只能由数字（0-9）、字母（a-z，A-Z）、下划线（_）组成，但不能以数字开头。

（2）标识符不能和 Python 中的关键字相同。

（3）Python 中的标识符中，不能包含空格、@、?、%、$ 等特殊字符。

表 2-1　变量命名规则示例

正确变量名	错误变量名	错误类型
Module123	9bulid	起始字符不能为数字
UserName	Not Found |	不能包含特殊符号、空格和竖线
User_Name	return	不能为关键字
average_age	account $ number	不能包含特殊符号
cost	(smile)	不能用括号

2. 注意事项

（1）变量名需要区分大小写，例如：

```
total = 10
Total = 20
TOTAL = 30
```

这是三个不同的变量。

（2）同一变量名重复赋值，最后一个有效。例如：

```
total = 10
total = 20
total = 30
```

只有最后一个变量赋值有效，total 的值为 30。

（3）自定义变量名，尽量做到见名知意，可适当简写。例如 content 可简写为 con。Python 允许使用汉字作为变量名，但是我们应尽量避免使用汉字作为变量名，避免程序运行时可能引发的异常。

3. 关键字

需要注意，变量名不能与关键字完全相同。

Python 的关键字如下，可以使用 help（'keywords'）运行获取。

```
help('keywords')
```

结果为：

```
Here is a list of the Python keywords.Enter any keyword to get more help.
False       class       from        or
None        continue    global      pass
True        def         if          raise
and         del         import      return
as          elif        in          try
assert      else        is          while
async       except      lambda      with
await       finally     nonlocal    yield
break       for         not
```

（六）变量的类型

数据类型就是可以被计算机识别并且运算的各类型数据，包括数字（int）、字符串（str）、列表（list）、元组（tuple）、字典（dictionaries）、集合（set）6 种类型。

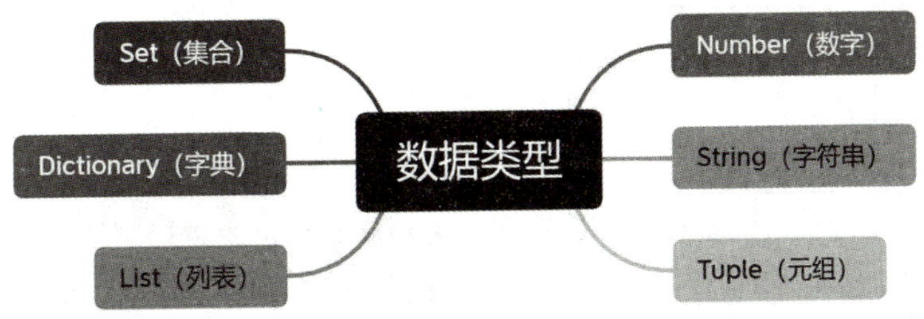

第二节　数字

一、Python 数字类型

数字是自然界计数活动的抽象，更是数学运算和推理表示的基础。计算机对数字的识别和处理有两个基本要求：确定性和高效性。

确定性指程序能够正确且无歧义地解读数据所代表的类型含义。例如，输入 1010，计算机需要明确地知道这个输入是可以用来进行数学计算的数字 1010，还是类似房间门牌号一样的字符串“1010”，这两者用处不同、操作不同且在计算机内部存储方式不同。即便 1010 是数字，还需要进一步明确这个数字是十进制、二进制还是其他进制类型。

高效性指程序能够为数字运算提供较高的计算速度，同时具备较少的存储空间代价。整数和带有小数的数字分别由计算机中央处理器中不同的硬件逻辑操作，对于相同类型操作，如整数加法和小数加法，前者比后者的速度一般快 5~20 倍。为了尽可能提高运行速度，需要区分不同运行速度的不同数字类型。

表示数字或数值的数据类型称为数字类型。Python 语言提供 3 种数字类型：整数、浮点数和复数，分别对应数学中的整数、实数和复数。

整型（Int）。通常被称为整数或整型，包括正整数、负整数和 0，不带小数点。

浮点型（Float）。浮点型由整数部分和小数部分组成，带小数点。见表 2-2。

表 2-2　数据类型

int	float
12	12. 30
0	0. 1
-56	33. 333

二、数字类型的运算

数字类型可以用运算符进行计算。在 Python 中，单个常量或变量可以看作最简单的表达式，使用除赋值运算符之外的其他任意运算符连接的式子也属于表达式，在表达式中也可以包含函数调用。

常用的 Python 运算符如表 2-3 所示。运算符优先级遵循的规则为：算术运算符优先级最高，其次是位运算符、成员测试运算符、关系运算符、逻辑运算符等。算术运算符遵循“先乘除，后加减”的基本运算原则，而相同优先级的运算符一般从左往右的顺序计算，不过幂运算符是个例外。虽然 Python 运算符有一套严格的优先级规则，但是强烈建议在编写复杂表达式时尽量使用圆括号来提高代码的可读性。

表 2-3 常用的 Python 运算符

运算符	功能说明
+	算术加法，列表、元组、字符串合并与连接，正号
-	算术减法，集合差集，相反数
*	算术乘法，序列重复
/	真除法
//	求整商，但如果操作数中有实数，则结果为实数形式的整数
%	求余数，字符串格式化
**	幂运算
<、<=、>、>=、==、!=	（值）大小比较，集合的包含关系比较
or	逻辑或
and	逻辑与
not	逻辑非
in	成员测试
is	对象实体同一性测试，即测试是否为同一个对象或内存地址是否相同
|、^、&、<<、>>、~	位或、位异或、位与、左移位、右移位、位求反
&、|、^	集合交集、并集、对称差集

三、数字类型的转换

常用数字类型包括整型（Int）、浮点型（Float），这两种类型可以相互转换。

（一）整型（Int）转换为浮点型（Float）

```
print(float(23))
```

结果为：

```
23.0


a = 33
print(float(a))
```

结果为：

```
33.0
```

（二）浮点型（Float）转换为整型（Int）

```
print(int(36.5))
```

结果为：

```
36


c = 66.6
print(int(c))
```

结果为：

```
66
```

（三）浮点型数字保留小数位

浮点型（Float）数字，如何按需保留小数位？我们可以使用 Python 中的 round 函数。

```
round(number, digits)
```

参数 number 为浮点数字，参数 digits 为保留位数。

参数 digits 的用法：

1. digits>0，四舍五入到指定的小数位。
2. digits=0，四舍五入到最接近的整数。
3. digits<0，在小数点左侧进行四舍五入。
4. 如果 round()函数只有 number 这个参数，等同于 digits=0。

注意：round 函数保留小数位并非严格遵循四舍五入规则，例如：

1. 要求保留位数的后一位<=4，则进位，如 round（5.214，2）保留小数点后两位，结果是 5.21。

2. 要求保留位数的后一位“=5”，且该位数后面没有数字，则不进位，如 round（5.215，2），结果为 5.21。

3. 要求保留位数的后一位“=5”，且该位数后面有数字，则进位，如 round（5.2151，2），结果为 5.22。

4. 要求保留位数的后一位“>=6”，则进位。如 round（5.216，2），结果为 5.22。

第三节 字符串

一、Python 字符串类型

（一）字符串是什么

在 Python 中，没有字符常量和变量的概念，只有字符串类型的常量和变量，即使是单个字符也是字符串。Python 使用单引号、双引号、三单引号、三双引号作为定界符来表示字符串，并且不同的定界符之间可以互相嵌套。字符串（String）是由 Unicode 码点组成的不可变序列（Strings are immutable sequences of Unicode code points.），是 Python 中最常用的数据类型。可以简单理解为字符串是由零个或多个字符组成的有限序列。另外，Python 3. x 全面支持中文，中文和英文字母都作为一个字符对待，甚至可以使用中文作为变量名。

（二）字符串如何定义

1. 使用英文引号（'或''或'''或"""）来创建字符串。引号内为字符串内容。

2. 不含任何字符内容的字符串，如"（一对英文单引号），""（一对英文双引号），称为空字符串。

```
print('财务大数据,让数据说话')
print("财务大数据,让数据说话")
```

结果为：

```
财务大数据,让数据说话
财务大数据,让数据说话
```

3. 单引号、双引号、三引号的区别

单引号、双引号作用相同，可避免字符串内出现相同的引号。例如：

```
sen = "Hey, you're gorgeous."
sen2 ='She said, "Oh, thank you!"'
```

三引号可以定义多行字符串，还可定义包含单引号、双引号的字符串。例如：

con ="""比较分析法，是通过对比两期或连续数期财务报告中的相同指标，确定其增减变动的方向、数额和幅度，来说明企业财务状况或经营成果变动趋势的一种方法。"""

```
con2 = """"I'm very happy.", he says. """'
```

（三）如何打印 Python 字符串

1. 使用 print( ) 函数，直接打印出字符串的内容。例如：

```
print("人生苦短,我用 Python!")
```

结果为：

```
人生苦短,我用 Python!
```

2. 字符串赋值给一个变量，然后打印该变量。例如：

```
name = "Tom"
con = "Hello, World!"
print(name, con)
```

结果为：

```
Tom Hello, World!
```

（注：print 函数的括号中，可使用英文逗号，分隔打印的内容）

二、Python 字符串拼接

在程序实际应用中，少不了要进行字符串拼接的操作。下面介绍一下 Python 语言中四种字符串拼接的方式。

（一）字符串与字符串拼接

```
"Hello," + "World!"
拼接后为:Hello,  World!
```

（二）字符串与变量拼接

```
w1 = "Hello,"w1 + "World!"
拼接后为:  Hello, World!
```

（三）字符串与数字拼接

```
"cool," + str(666)
拼接后为:  cool,666
```

（四）字符串类型的变量进行拼接

```
w1, w2 = "Hello,", "World!"
w1 + w2
拼接后为:Hello, World!
```

三、字符串的格式化

（一）什么是字符串的格式化

通俗地说，是定制输出模板，模板中预留有需要转换参数的位置和格式，传入的参数据此来实现转换，其余的内容保持原样。在预留的位置上的是占位符。Python 为我们提供了四种格式化字符串的方法，分别是%运算符、字符串 format 方法、格式化字符串字面值以及模板字符串。

（二）字符串格式化输出

1. 字符串格式化输出

```
num = "Friday"
print("Today is %s" %num)
```

结果为：

```
Today is Friday
```

注意：最终输出的结果只有引号内的部分,%s 表示对字符串的格式。代码中%s 表示带格式的占位符,%表示格式化符号，num 表示传入的参数。

2. 多参数字符串格式化输出

```
temp, text = "21", "晴"
print("实时天气为%s 度,%s" %(temp, text))
```

结果为：

```
实时天气为 21 摄氏度,晴
```

注意：temp，text 多参数，需要加括号。

3. 浮点数格式化输出

```
weight = 62.5
print("测试者的体重是%f 公斤" %weight)
print("测试者的体重是%.2f 公斤" %weight)
```

结果为：

```
测试者的体重是 62.500000 公斤
测试者的体重是 62.50 公斤
```

注意:%f 表示浮点数格式化，默认保留 6 位小数。

“.2”表示小数点后保留两位，并非严格四舍五入。

4. 百分号格式化输出

```
current_rate = 0.30
print("建行的活期利率为%.2f%%" %current_rate)
```

结果为：

```
建行的活期利率为 0.30%
```

注意：%%就可以输出%。

```
rate = 0.1231
print("某金融产品的年化收益率为%.2f%%"%(rate*100))
```

结果为：

```
某金融产品的年化收益率为 12.31%
```

注意：可将参数先进行计算，再传入。

5. 整数格式化输出

```
num = 180
print("目前,世界上流通的法定货币共有%d 种"% num)
```

结果为：

```
目前,世界上流通的法定货币共有 180 种
```

注意：%d 表示整数的格式化输出。

6. f-字符串输出（Python3.6 之后版本）

```
country, population = "中国", 14
print(f"{country}的总人口为{population}亿人(2019 年)")
```

结果为：

```
中国的总人口为 14 亿人(2019 年)
```

注意：f“{表达式}”。表达式可以是任意类型数据、计算公式、调用函数等。输出的结果不改变数据的位数、表示形式，按原样输出，可使用 f 方式。

7. format 格式化输出

```
country, population = "中国", 14
print("{}的总人口为{}亿人(2019 年)".format(country, population))
```

结果为：

```
中国的总人口为 14 亿人(2019 年)
```

注意：format 传递参数和% 格式化类似，可以按位置传递参数。{}为参数位置，

format 括号内为需要传递的参数，用逗号分隔，{}和参数的数量相同。

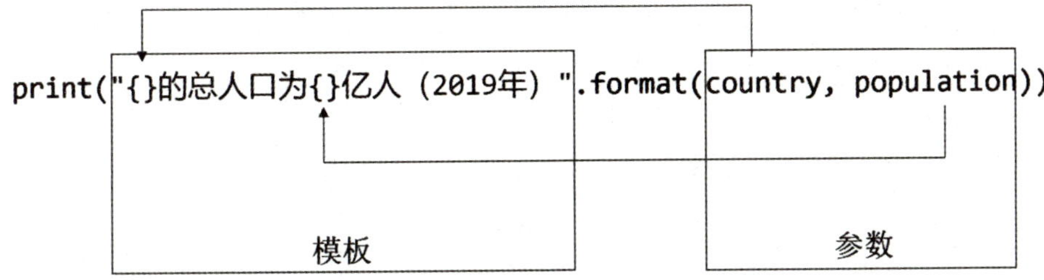


```
ountry, population = "中国", 14
print("{1}的总人口为{0}亿人(2019 年)".format(population, country))
```

结果为：

```
中国的总人口为 14 亿人(2019 年)
```

注意：传入参数的顺序默认为 0，1。

按参数序号传入（从 0 开始），不限制{}个数。

8. format 输出时的格式控制

format 方法中的 {}，可以为空，可以写参数序号，还可以控制格式。格式为：{<参数序号>：<格式控制>}

：	引导符号
<填充>	用于填充的单个字符（默认空格）
<对齐>	<左对齐<右对齐^居中对齐（默认左对齐）
<宽度>	最小宽度
<，>	数字类型千分符，适用于整数，浮点数
<精度>	浮点数小数部分的精度或字符串的最大输出长度
<类型>	整数类型 b，c，d，o，x，X 浮点类型 e，E，f,%

如果需要格式化控制，必须写“：”，其他参数可选择填写。下面为几种常见的类型：

格式符类型码	功能说明
%s	字符串（采用 str( )的显示）
%r	字符串（采用 repr( )的显示）
%c	单个字符
%b	二进制整数
%d	十进制整数
%i	十进制整数

续表

格式符类型码	功能说明
%o	八进制整数
%x	十六进制整数
%e	指数（基底写为 e）
%E	指数（基底写为 E）
%f	浮点数
%F	浮点数，与上相同
%g	指数（e）或浮点数（根据显示长度）
%G	指数（E）或浮点数（根据显示长度）
%%	字符"%"，显示百分号%

format 格式控制案例：

填充、对齐和宽度

Python 代码	运行结果	说明
'{:6}'.format('分割线')	'分割线'	":"开始,6 表示字符串宽度,默认左对齐,不足补空格
'{:2}'.format('分割线')	'分割线'	默认长度不满足,传入参数长度,以实际宽度为准
'{:^11}'.format('分割线')	' 分割线 '	"^"表示居中对齐,宽度为 11,不足用空格填充
'{:-^11}'.format('分割线')	'----分割线----'	"-"为填充符,"^"居中对齐,宽度为 11,不足用"-"补全
'{0:{1}{2}{3}}'.format('分割线','-','^','11')	'----分割线----'	同上,参数均可传入,参数序号与位置一一对应

精度和类型

Python 代码	运行结果	说明
'{:,}'.format (1234567890)	'1,234,567,890'	":"开始 ","表示显示千分符
'{:,.3f}'.format(12345)	'12,345.000'	".3f"浮点数类型,保留 3 位小数
'{:x}'.format(93)	'5d'	"x"表示输出整数的小写十六进制
'{:e}'.format(93)	'9.300000e+01'	"e"表示输出浮点数对应的小写字母 e 的指数形式
'{:.2%}'.format(0.93)	'93.00%'	"%"输出浮点数的百分比形式

第四节 列表

一、Python 列表类型

（一）列表是什么

列表（List）通常用于存储同类项目，是一个有序的集合（有序是说列表内存储的数据是有先后顺序的），是 Python 中用于存储数据集合的 4 种内置数据类型之一，其余三个是元组、集合、字典。

（二）如何定义列表

1. 使用英文方括号 [ ] 创建列表，用英文逗号分隔不同的元素。

2. 存储元素的类型可不同，元素可重复，可嵌套多层列表。

3. [ ] 表示没有元素的列表，称为空列表。

```
name = ['资产负债表', '利润表', '现金流量表']
```

上述定义了名为 name 的列表，包含三个字符串类型的元素。

定义列表示例：

定义一个员工姓名列表

```
name = ['马冬梅', '夏洛特', '袁华']
```

定义一个课程列表

```
course = ['高等数学','解析几何','数学分析']
```

定义一个课时列表

```
class_hour = [28, 32, 36]
```

二、列表的操作

（一）列表添加元素

三种方式对列表进行添加元素，分别为 append，extend，insert。

1. 末尾添加一个元素，append 方法，例如：

如何向 course 列表末尾添加一个‘拓扑学’：

```
course = ['高等数学','解析几何','数学分析']
course.append('拓扑学')
print(course)
```

代码运行结果：

```
['高等数学', '解析几何', '数学分析', '拓扑学']
```

2. 末尾添加多个元素，extend 方法，例如：

如何向 course 列表末尾添加多个元素呢，如添加‘拓扑学’和‘统计学’？

```
course = ['高等数学', '解析几何', '数学分析']
course.append('拓扑学', '统计学')
print(course)
```

代码运行结果：

```
['高等数学', '解析几何', '数学分析', '拓扑学', '统计学']
```

注意：使用 extend 方法，添加多个元素时，多个元素需要用列表的 [ ]，将多个元素包裹起来。

3. 指定索引位置添加元素或列表，insert 方法，例如：

如何向 course 列表指定位置添加元素呢，如将‘拓扑学’插入列表的第一个位置？

```
course = ['高等数学','解析几何','数学分析']
course.insert(0,'拓扑学')
print(course)
```

代码运行结果：

```
['拓扑学', '高等数学', '解析几何', '数学分析']
```

注意：使用 insert 方法时，需要填入两个参数，第一个参数为需要插入的索引，第二个参数为新插入内容。

（二）列表的删除

有三种方式删除列表元素，按索引删除，按元素删除，清空列表。

1. 按索引删除列表元素，del 方法、pop 方法

使用 del 方法删除 name 列表的第一个元素：

```
name = ['马冬梅', '夏洛特', '袁华']
del name[0]   #索引从 0 开始,第一个元素索引为 0
print(name)
```

代码运行结果：

```
['夏洛特', '袁华']
```

使用 del 方法，删除 name 列表的前两个元素

```
name = ['马冬梅', '夏洛特', '袁华']
del name[0:2]    #索引取到了第 0、1 两个元素索
print(name)
```

代码运行结果：

```
['袁华']
```

使用 pop 方法，删除 name 列表的第一个元素

```
name = ['马冬梅', '夏洛特', '袁华']
name.pop(0)    #索引从 0 开始,第一个元素索引为 0
print(name)
```

代码运行结果：

```
['夏洛特', '袁华']
```

使用 pop 方法，删除 name 列表的最后一个元素

```
name = ['马冬梅', '夏洛特', '袁华']
name.pop()    #默认删除最后一个元素
print(name)
```

代码运行结果：

```
['马冬梅', '夏洛特']
```

2. 按元素内容删除列表元素，remove 方法

使用 remove 方法删除 name 列表中的‘马冬梅’

```
name = ['马冬梅', '夏洛特', '袁华']
name.remove('马冬梅')
print(name)
```

代码运行结果：

```
['夏洛特', '袁华']
```

3. 清空列表，clear 方法

使用 clear 方法清空 name 列表中的所有元素

```
name = ['马冬梅', '夏洛特', '袁华']
name.clear()
print(name)
```

代码运行结果：

```
[]
```

（三）列表的访问

1. 切片法

Python 中可以使用切片法获取字符串、列表、元组、集合、字典这几种类型数据中的值。切片法的原理：利用索引来寻找目标元素的位置。切片法中的索引包括正索引、负索引。

例如：列表 a = [“财”，“务”，“大”，“数”，“据”，“课”，“程”]

从左向右为正向→							←从右向左为负方向
正索引	0	1	2	3	4	5	6
负索引	-7	-6	-5	-4	-3	-2	-1
列表中的值	“财”	“务”	“大”	“数”	“据”	“课”	“程”

（1）切片操作表达式：obj [start_index：end_index：step]

（2）step：正负数均可，其绝对值大小决定了切取数据时的“步长”，而正负号决定了“切取方向”，正表示“从左往右”取值，负表示“从右往左”取值。当 step 省略时，默认为 1，即从左往右以步长 1 取值。切取方向非常重要！

（3）start_index：表示起始索引（包含该索引对应值）；该参数省略时，表示从对象“端点”开始取值，至于是从“起点”还是从“终点”开始，则由 step 参数的正负决定，step 为正从“起点”开始，为负从“终点”开始。

（4）end_index：表示终止索引（不包含该索引对应值）；该参数省略时，表示一直取到数据“端点”，至于是到“起点”还是到“终点”，同样由 step 参数的正负决定，step 为正时直到“终点”，为负时直到“起点”。

（5）一个完整的切片表达式包含两个“:”，用于分隔三个参数（start_index，end_index，step）。当只有一个“:”时，默认第三个参数 step=1；当一个“:”也没有时，start_index=end_index，表示切取 start_index 指定的那个元素。

2. 使用切片法做列表的访问

（1）访问单个元素

使用索引取出列表 a 中的‘数’，‘据’：

```
a=['财','务','大','数','据','课','程']
print(a[3])
print(a[-3])
```

代码运行结果：

```
数
据
```

（2）访问多个元素

使用索引，以列表的形式，一次取出列表 a 中的‘数’，‘据’：

```
a=['财','务','大','数','据','课','程']
print(a[3:5])
```

代码运行结果：

```
['数', '据']
```

使用索引，以列表的形式，取出列表 a 中所有偶数索引所对应的元素：

```
a=['财','务','大','数','据','课','程']
print(a[::2])
```

代码运行结果：

```
['财', '大', '据', '程']
```

（四）列表修改元素

Python 的列表是可变数据类型，更改列表中的某个值，可以直接赋值。例如，将列表 a 的第一个元素修改为‘税’：

```
a=['财','务','大','数','据','课','程']
a[0]='税'
```

代码运行结果：

```
['税', '务', '大', '数', '据', '课', '程']
```

三、适用于列表的方法

Python 预置的适用于列表的方法，无须定义可以直接使用。如下表所示。

方法	描述	方法	描述
max(obj)	返回可迭代对象 obj 中最大的元素	len(obj)	返回 obj 的项目数
min(obj)	返回可迭代对象 obj 中最小的元素	obj. index(value)	返回 obj 对应的索引
append(obj)	将对象 obj 追加到列表末尾	sort(key=None, reverse=False)	对原列表进行排序
count(value)	返回 value 值在列表中的出现次数	clear()	清空列表中的所有元素
insert(index, obj)	在索引 index 之前插入对象 obj	pop()	删除列表中的元素
lst(iterable)	将 iterable 转换为列表 iterable 为可迭代的对象	remove()	删除列表中的元素

适用于列表的方法实例：

```
c=[1, 8, 4, 5, 2, 1, 4]
print(max(c), min(c), len(c))
print(c.count(1)) #统计元素 1 在列表 c 中出现的次数

c.sort()
print(c) #从小到大排序

c.sort(reverse=True)
print(c) #从大到小排序

n='财务大数据'
print(list(n)) #将字符串转换为列表
```

代码运行结果：

```
8 1 7
2
[1, 1, 2, 4, 4, 5, 8]
[8, 5, 4, 4, 2, 1, 1]
['财', '务', '大', '数', '据']
```

第五节　元组

一、Python 元组类型

（一）元组是什么

元组（Tuple）和列表类似，也是存储数据的，是一个有序的集合。数据在元组中是有先后顺序的。不同之处在于，元组是不可变类型，元组中的元素不能修改。所以创建后一般不修改它。

（二）元组如何定义

1. 使用英文括号( )创建元组，用英文逗号分隔不同的元素。

2. 存储元素的类型可不同，元素可重复，可多层嵌套。

3. ( )表示没有元素的元组，称为空元组。只含一个元素的元组，在元素末尾加上英文逗号。

```
name = ('资产负债表', '利润表', '现金流量表')
```

上述定义了名为 name 的元组，包含三个字符串类型的元素。

4. 定义元组示例

（1）定义七大洲的元组

```
continents = ('亚洲', '欧洲', '非洲', '北美洲', '南美洲', '南极洲', '大洋洲')
```

（2）定义个人信息的元组

```
info = ('姚明', '男', '汉族', 226, '1980 年 9 月 12 日', '处女座')
```

（3）定义一个会计学院下教研机构的元组

```
org = ('财务会计系', '管理会计系', '审计系', '财务管理系', '会计管理系',\
'MPAcc 教育中心', 'ACCA 教育中心')
```

注意：程序一行内容过长，可以在每行末尾使用反斜杠\，让程序识别为一行内容。

二、元组的操作

（一）元组的访问（切片法）

1. 访问单个元素

使用索引取出元组 continents 中的‘南极洲’

```
continents = ('亚洲', '欧洲', '非洲', '北美洲', '南美洲', '南极洲', '大洋洲')
print(continents[-2])
```

代码运行结果：

```
南极洲
```

2. 访问多个元素

使用索引取出元组 continents 中的最后三个元素

```
continents = ('亚洲', '欧洲', '非洲', '北美洲', '南美洲', '南极洲', '大洋洲')
print(continents[-3:])
```

代码运行结果：

```
('南美洲', '南极洲', '大洋洲')
```

（二）元组的修改

使用索引修改元组的一个元素，出现错误。

```
continents = ('亚洲', '欧洲', '非洲', '北美洲', '南美洲', '南极洲', '大洋洲')
continents[0]='新大陆'
```

元组是不可变类型，不能直接修改内部元素，否则程序会报错。元组内元素不可更改，是一个重要性质，我们可以合理利用这一性质。

```
TypeError                         Traceback (most recent call last)
<ipython-input-1-df229685d75c> in <module>()
    1 continents = ('亚洲', '欧洲', '非洲', '北美洲', '南美洲', '南极洲', '大洋洲')
----> 2 continents[0] = '新大陆'

TypeError: 'tuple'object does not support item assignment
```

（三）元组的添加

1. 元组是否可以用 append，extend，insert 函数添加元素

```
continents = ('亚洲', '欧洲', '非洲', '北美洲', '南美洲', '南极洲', '大洋洲')
continents.append('新大陆')
```

代码运行结果：

```
---------------------------------------------------------------------------
AttributeError                    Traceback (most recent call last)
<ipython-input-53-6b7f5d04dd01> in <module>()
    1 continents = ('亚洲', '欧洲', '非洲', '北美洲', '南美洲', '南极洲', '大洋洲')
----> 2 continents.append('新大陆')

AttributeError: 'tuple'object has no attribute 'append'

continents = ('亚洲', '欧洲', '非洲', '北美洲', '南美洲', '南极洲', '大洋洲')
continents.extend(['新大陆'])
```

代码运行结果：

```
---------------------------------------------------------------------------
AttributeError                    Traceback (most recent call last)
<ipython-input-54-6d83eb86a556> in <module>()
    1 continents = ('亚洲', '欧洲', '非洲', '北美洲', '南美洲', '南极洲', '大洋洲')
----> 2 continents.extend(['新大陆'])
```

```
AttributeError: 'tuple'object has no attribute 'extend'


continents = ('亚洲', '欧洲', '非洲', '北美洲', '南美洲', '南极洲', '大洋洲')
continents.insert(1,'新大陆')
```

代码运行结果：

```
---------------------------------------------------------------------------
AttributeError                            Traceback (most recent call last)
<ipython-input-55-0dc78f6f6825> in <module>()
     1 continents = ('亚洲', '欧洲', '非洲', '北美洲', '南美洲', '南极洲',
'大洋洲')
----> 2 continents.insert(1,'新大陆')


AttributeError: 'tuple'object has no attribute 'insert'
```

元组是不可变类型，不能添加元素，否则程序会报错。

2. 元组不可修改内部元素，元组可以使用“+”拼接，但是拼接前后的元组并不是同一个变量

```
tupl=(1, 2)
print(id(tupl)) # id()函数可以查看变量的内存地址
tupl+=(3,)
print(id(tupl))
print(tupl)
```

代码运行结果：

```
1574965123912
1574967212432
(1, 2, 3)
```

注意：变量的内存地址改变，说明前后两个变量存储位置不同，不再是之前的元组的存储位置。可以对比列表拼接前后的内存地址。

（四）元组的删除

删除元组，使用 del 方法，tuplename 为需要删除的元组名，方法与删除列表类似。

```
continents = ('亚洲', '欧洲', '非洲', '北美洲', '南美洲', '南极洲', '大洋洲')
del continents
print(continents)
```

代码运行结果：

```
---------------------------------------------------------------------------
NameError                                 Traceback (most recent call last)
<ipython-input-59-d711a740b166> in <module>()
      1 continents = ('亚洲', '欧洲', '非洲', '北美洲', '南美洲', '南极洲', 
'大洋洲')
      2 del continents
----> 3 print(continents)

NameError: name 'continents'is not defined
'continents' 已经被删除,才会未定义,说明删除成功。
```

三、元组与列表的不同

不同点	元组	列表
表示方式不同	使用( )表示；仅一个元素时，末尾加	使用[ ]表示
是否可以改变	不可修改、添加、删除内部元素	可以修改、添加、删除
性能不同	大小固定，性能略高	大小不固定，性能略低
类型转换方法不同	使用 tuple( )方法	使用 list( )方法

四、适用于元组的方法

Python 预置的适用于元组的方法，无须定义可以直接使用。如下表所示。

方法	描述	方法	描述
max(obj)	返回可迭代对象 obj 中最大的元素	len(obj)	返回 obj 的项目数
min(obj)	返回可迭代对象 obj 中最小的元素	obj. index(value)	返回 obj 对应的索引
count(value)	返回 value 值在元组中的出现次数	del tuplename	删除元组
tuple(iterable)	将 iterable 转换为元组。iterable 为可迭代的对象		

适用于元组的方法实例：

```
continents = ('亚洲', '欧洲', '非洲', '北美洲', '南美洲', '南极洲', '大洋洲')
print(continents.index('亚洲'))
print(continents.count('亚洲'))
print(tuple(continents))
```

代码运行结果：

```
0
1
('亚洲', '欧洲', '非洲', '北美洲', '南美洲', '南极洲', '大洋洲')
```

第六节　字典

一、Python 字典类型

（一）字典是什么

字典（Dictionary）和列表类似也是存储数据的，是一种无序的、可变的序列，它的元素以“键值对（key-value）”的形式存储。相对地，列表（list）和元组（tuple）都是有序的序列，它们的元素在底层是有前后顺序关系的。

字典类型是 Python 中唯一的映射类型。简单理解，它指的是元素之间相互对应的关系，即通过一个元素，可以找到唯一的另一个元素。

字典中，习惯将各元素对应的索引称为键（key），各个键对应的元素称为值（value），键及其关联的值称为“键值对”。

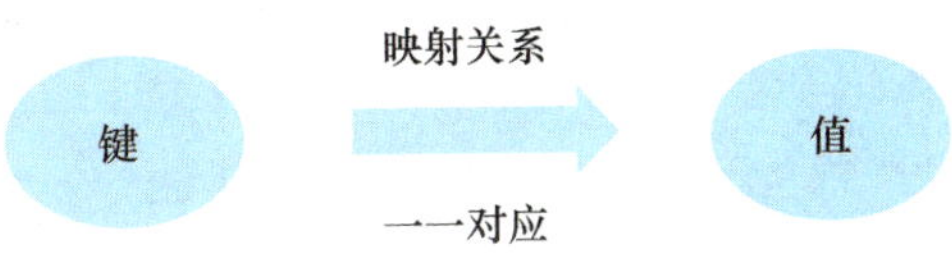

（二）字典如何定义

Python 字典的构成形式为：{key1：value1，key2：value2}。字典的每个键值用“:”链接，每个键值对用“,”分隔，一个完整的字典最外层需要使用 {} 括起来。

```
info_dict = {"name": "Alice", "age": 20}
```

创建字典有四种方法：

1. 直接定义键值对（键和值类型任意）

```
country_dict={"中国": "CN", "美国": "US", "日本": "JP"}
```

2. 使用 dict 函数定义字典

```
info = dict([("中国", "CN"), ("美国", "US")])
print(info)
```

代码运行结果：

```
{'中国': 'CN', '美国': 'US'}
```

3. 创建空字典

```
new = {}
```

4. 创建空字典后再增加键值对

```
student = {}
student["class"] = "三年二班"
student["number"] = 51
```

上面分开定义键值对，与下面一次性全部定义的字典是等效的。

```
student = {"class": "三年二班", "number": 51}
```

定义字典示例：

（1）定义一个电话簿字典

```
teldict = {
    '哪吒': 12345676, "孙悟空": 12345679, '东海龙王': 12346577
}
```

（2）定义一个人员信息档案字典

```
info={
    10000: {"name": "哪吒", "sex": "男", "tel": 12345676},
    10001: {"name": "孙悟空", "sex": "男", "tel": 12345679},
    10002: {"name": "东海龙王", "sex": "男", "tel": 12345677},
}
```

二、字典的操作

（一）根据键名，访问字典的值

1. dictname [key] 访问值

```
teldict = {
    '哪吒': 12345676, "孙悟空": 12345679, '东海龙王': 12346577
}
print(teldict["哪吒"])

info={
```

```
    10000: {"name": "哪吒", "sex": "男", "tel": 12345676},
    10001: {"name": "孙悟空", "sex": "男", "tel": 12345679},
    10002: {"name": "东海龙王", "sex": "男", "tel": 12345677},
}
print(info[10000])
```

代码运行结果：

```
12345676
{'name': '哪吒', 'sex': '男', 'tel': 12345676}
```

2. dictname. get（key）访问值

```
teldict = {'哪吒': 12345676, "孙悟空": 12345679, '东海龙王': 12346577}
print(teldict.get("哪吒"))

info={
    10000: {"name": "哪吒", "sex": "男", "tel": 12345676},
    10001: {"name": "孙悟空", "sex": "男", "tel": 12345679},
    10002: {"name": "东海龙王", "sex": "男", "tel": 12345677},
}
print(info.get(10000))
```

代码运行结果：

```
12345676
{'name': '哪吒', 'sex': '男', 'tel': 12345676}
```

当 key 不存在时，结果为 None，程序不报错。

```
teldict = {'哪吒': 12345676, "孙悟空": 12345679, '东海龙王': 12346577}
print(teldict.get("红孩儿"))
```

代码运行结果：

```
None
```

（二）访问字典所有的值

dictname. values( )访问所有的值

```
info_dict = {"name": "Alice", "age": 20}
print(info_dict.values())
```

代码运行结果：

```
dict_values(['Alice', 20])
```

使用 for 循环取所有的值

```
info_dict = {"name": "Alice", "age": 20}
for value in info_dict.values():
    print(value)
```

代码运行结果：

```
Alice
20
```

（三）访问字典所有的键

dictname.keys()访问所有的键

```
info_dict = {"name": "Alice", "age": 20}
print(info_dict.keys())
```

代码运行结果：

```
dict_keys(['name', 'age'])
```

使用 for 循环取所有的键

```
info_dict = {"name": "Alice", "age": 20}
for key in info_dict.keys():
print(key)
```

代码运行结果：

```
name
age
```

（四）访问字典所有键值对

dictname.items()访问所有的键值对

```
info_dict = {"name": "Alice", "age": 20}
print(info_dict.items())
```

代码运行结果：

```
dict_items([('name', 'Alice'), ('age', 20)])
```

使用 for 循环取所有的键值对

```
info_dict = {"name": "Alice", "age": 20}
for key, value in info_dict.items():
    print(key, '-', value )
```

代码运行结果：

```
name-Alice
age-20
```

（五）修改字典的值

```
info_dict = {"name": "Alice", "age": 20}
info_dict['name'] = 'Bob'#给键重新赋值
print(info_dict)
```

代码运行结果：

```
{'name': 'Bob', 'age': 20}
```

给键重新赋值，实现修改键对应的值

（六）修改键

Python 并没有直接对键的修改，字典的键是不可变的，所以不能直接修改。

Python 字典对键的修改是通过删除旧的键值对，再添加新的键值对实现的。

（七）添加/修改键值对

1. dictname［key］直接添加/修改键值对

```
info_dict = {"name": "Alice", "age": 20}
info_dict['hight']=170
print(info_dict)
```

代码运行结果：

```
{'name': 'Alice', 'age': 20, 'hight': 170}
```

2. dictname. update（newdict）添加/修改键值对

```
info_dict = {"name": "Alice", "age": 20}
info_dict.update({'hight': 170})
print(info_dict)
```

代码运行结果：

```
{'name': 'Alice', 'age': 20, 'hight': 170}
```

上述两种方法，可以作为字典添加键值对的方法，也可以作为字典修改键值对的方法。注意：使用 update 方法，可以同时更新多个键值对。

```
info_dict1 = {"name": "Alice", "age": 20}
info_dict2 = {"address": "China", "Tel": 13579}
info_dict1.update(info_dict2)
print(info_dict1)
```

代码运行结果：

```
{'name': 'Alice', 'age': 20, 'address': 'China', 'Tel': 13579}
```

（八）删除键值对

1. del dictname［key］删除键值对

```
info_dict = {"name": "Alice", "age": 20}
del info_dict['age']
print(info_dict)
```

代码运行结果：

```
{'name': 'Alice'}
```

2. dictname. pop 删除键值对

```
info_dict = {"name": "Alice", "age": 20}
info_dict.pop('age')
print(info_dict)
```

代码运行结果：

```
{'name': 'Alice'}
```

del 语句和 pop()方法作用相同。pop()方法有返回值，返回值为对应的值。del 语句没有返回值。

```
info_dict = {"name": "Alice", "age": 20}
print(info_dict.pop('age'))
print(info_dict)
```

代码运行结果：

```
20
{'name': 'Alice'}
```

三、字典的特征

主要特征	解释
字典是任意数据类型的无序集合	列表、元组通常会将索引值 0 对应的元素称为第一个元素，而字典中的元素是无序的
字典是可变的，并且可以任意嵌套	字典可以在原处增长或者缩短（无须生成副本），并且它支持任意深度的嵌套，即字典存储的值也可以是列表或其他的字典

续表

主要特征	解释
字典中的键必须唯一	字典中，不支持同一个键出现多次，否则只会保留最后一个键值对
字典中的键必须不可变	字典中的键是不可变的，只能使用数字、字符串或者元组，不能使用列表、字典、集合
通过键而不是通过索引来读取元素	字典类型有时也称为关联数组或者散列表（hash）。它是通过键将系列的值联系起来的，这样就可以通过键从字典中获取指定项，但不能通过索引来获取

四、适用于字典的方法

Python 预置的适用于字典的方法，无须定义，可以直接使用。如表 2-4 所示。

表 2-4　Python 预置的适用于字典的方法

方法	描述	方法	描述
str(obj)	把对象 obj 字典类型转换为字符串	len(obj)	返回 obj 的项目数
dict. get(key, default=None)	返回指定键的值，如果不存在，返回可以设置的 default 的值	dict. setdefault(key, default=None)	和 get 类似，但如果键不存在于字典中，会添加键并将值设置为 default
dict. items()	返回字典所有的键值对	dict. keys()	返回字典的所有键
dict. values()	返回字典中的所有值	dict. pop(key)	删除字典的键值对
dict. update(dict2)	将 dict2 更新至 dict 中	del dict[key]	删除字典的键值对

第七节　集合

一、Python 集合类型

（一）集合是什么

集合（Set）与数学中的集合概念类似，集合是由任意个无序不重复元素组成。即集合中的元素都是唯一的，互不相同，没有先后顺序的。集合也支持交集，差集，对称差分等数学运算。

（二）集合如何定义

Python 集合的构成形式为：{value1，value2，value3……}。

创建集合三种方法：

1. 使用花括号创建

```
basket = {"apple", "orange", "pear", "banana"}
```

2. 使用 set( ) 函数创建

```
con = set('abcdrabcrad')
con 实际表示的集合为{'a', 'b', 'c', 'd', 'r'},创建集合时,重复元素都会被自动去除。
```

3. 使用 set( ) 函数创建空集合

```
basket = set()basket = {}
basket1 = set() #创建集合
print(type(basket1))
basket2 = {} #创建字典
print(type(basket2))
```

代码运行结果：

```
<class 'set'>
<class 'dict'>
```

创建空集合，必须使用 set( ) 函数，不能使用{ }，后者创建一个空字典。

4. 定义数字集合

```
set1 = {1, 2, 3, 4, 3, 4, 5, 6, 2, 1}
print(set1)
```

代码运行结果：

```
{1, 2, 3, 4, 5, 6}
```

特性：不重复，重复元素自动去重；自动排序，集合自动从小到大排序；无序，不能指定固定顺序。

（三）集合特征

主要特征	解释
集合是可变的容器	集合内元素可以进行增删改
集合是无序的存储结构	集合内数据没有先后顺序，不能使用索引
集合中元素是不可变的	集合中的元素的类型必须是不可变类型，即元素可以是数字类型、字符串类型、元组类型
集合内元素是唯一的	集合元素没有重复值，任何时候加入的重复元素，都会被自动去重、过滤掉

二、集合的操作

（一）集合的访问

集合是无序的，因此无法使用索引进行访问，可以使用循环语句进行访问。这里使用for循环语句。实际应用中，集合很少需要全部访问，常用作关系运算和去重。

1. 使用for循环，访问集合的值

```
set1 = {1, 2, 3, 4, 3, 4, 5, 6, 2, 1}
for i in set1:
print(i)
```

代码运行结果：

```
1
2
3
4
5
6
```

2. 使用成员运算符in进行

```
set1 = {1, 2, 3, 4, 3, 4, 5, 6, 2, 1}
5 in set1
```

代码运行结果：

```
True
```

（二）添加元素

1. add( )方法直接添加

```
set1 = {1, 2, 3, 4}
set1.add(6)
print(set1)
```

代码运行结果：

```
{1, 2, 3, 4, 6}
```

2. update( )方法添加多个

```
set1 = {1, 2, 3, 4}
set1.update({6, 5})
print(set1)
```

代码运行结果：

```
{1, 2, 3, 4, 5 ,6}
```

（三）删除元素

1. remove 函数

删除已有的值

```
set1 = {1, 2, 3, 4, 6}
set1.remove(6)
print(set1)
```

代码运行结果：

```
{1, 2, 3, 4}
```

删除不存在的值

```
set1 = {1, 2, 3, 4, 6}
set1.remove(9)
print(set1)
```

代码运行结果：

```
---------------------------------------------------------------------------
KeyError                                  Traceback (most recent call last)
<ipython-input-27-b5c42b15cd06> in <module>()
      1 set1 = {1, 2, 3, 4}
----> 2 set1.remove(9)
      3 print(set1)

KeyError:9
discard()函数
```

删除已有的值

```
set1 = {1, 2, 3, 4, 6}
set1.discard(6)
print(set1)
```

代码运行结果：

```
{1, 2, 3, 4}
```

删除不存在的值

```
set1 = {1, 2, 3, 4, 6}
set1.discard(9)
print(set1)
```

代码运行结果：

```
{1, 2, 3, 4}
```

remove 和 discard 都可以删除集合已有元素，remove 删除集合不存在的元素会报错，discard 删除集合不存在的元素不会报错。

2. pop（）函数

```
set1 = {1, 2, 3, 4, 6}
set1.pop()
print(set1)
```

代码运行结果：

```
{2, 3, 4, 6}
```

3. clear（）函数

```
set1 = {1, 2, 3, 4, 6}
set1.clear()
print(set1)
```

代码运行结果：

```
set()
```

pop( )方法删除纯数字集合自动排序后的最小元素，随机删除非数字集合中的一个元素；clear( )方法清空集合所有元素。

三、集合的运算符

对 Python 集合类型，也有一些适用的运算符，可对集合进行操作或判断，如下表所示。

操作符	描述	实例	输出
&	计算交集	{1，2} & {1}	{1}
|	计算并集	{1，2} | {3}	{1，2，3}
-	计算补集	{1，2，3} - {3，4}	{1，2}
^	对称补集 s1^s2 等价于(s1-s2) | (s2-s1)	{1，2，3}^{3，4}	{1，2，4}

续表

操作符	描述	实例	输出
>	超集，如果 s1 是 s2 的超集，s1>s2，返回 True，否则返回 False	{1，2，3}>{3}	True
<	子集，如果 s1 是 s2 的子集，s1<s2，返回 True，否则返回 False	{1，2，3}<{3，4}	False
==	集合的相等，s1==s2，表达式为真，返回 True，否则返回 False	{()}；=={(3，4)}	False
：=	集合不等	{()}!={(3，4)}	True
in	成员运算符，在集合内为真，返回 True，否则返回 False	2 in{(3，4)}	False
not in	成员运算符，不在集合内为真，返回 True，否则返回 False	2 not in {(3，4)}	True

第三章 Python 运算符及常用语句

教学目的

通过教学使学生掌握 Python 运算符及表达式的使用；掌握 input 输入语句、print 输出语句的使用；掌握 if 条件语句、for-while 循环语句的使用。

思政目标

通过循环程序，帮助一些学生建立起指数增长的概念，让学生见证万分之五的复利所导致的贷款余额随时间的指数增长，消除错误的“直觉和经验”，希望大家远离校园贷，树立正确消费观和人生观。

第一节 运算符

一、算术、赋值运算符

（一）算术运算符

算术运算符也即数学运算符，用来对数字进行数学运算，比如加减乘除。表 3-1 列出了 Python 支持的所有基本算术运算符。

表 3-1 Python 算术运算符

运算名称	运算符
加法	+
减法	-
乘法	*
除法	/

续表

运算名称	运算符
除法取商（向下取整数）	//
除法取余数	%
幂运算	* *

（二）赋值运算符

赋值运算符用来把右侧的值传递给左侧的变量（或者常量）。可以直接将右侧的值交给左侧的变量，也可以进行某些运算后再交给左侧的变量，比如加减乘除、函数调用、逻辑运算等。

Python 中最基本的赋值运算符是等号“=”，它能结合其他运算符组成复合赋值运算符，以达到简化表达式的目的。见表 3-2。

表 3-2　Python 赋值运算符

运算符	含义	示例和说明
=	直接赋值运算符	c = a + b 将 a + b 的运算结果赋值为 c
+=	加法赋值运算符	c += a 等效于 c = c + a
-=	减法赋值运算符	c -= a 等效于 c = c - a
* =	乘法赋值运算符	c * = a 等效于 c = c * a
/=	除法赋值运算符	c /= a 等效于 c = c / a
%=	取余赋值运算符	c %=a 等效于 c = c % a
* * =	幂赋值运算符	c * * = a 等效于 c = c * * a
//=	整除取整赋值运算符	c// = a 等效于 c = c//a
: =	海象运算符，可在表达式内部为变量赋值。3.8 版本新增运算符	if（n：=len（a））>10： 将 len（a）赋值给 n，再判断 n>10

二、比较、逻辑运算符

（一）比较运算符（表 3-3）

表 3-3　比较运算符

比较运算符	含义	示例和说明
>	大于，如果>前面的值大于后面的值，则返回 True，否则返回 False	2 > 3 结果为假，返回 False

续表

比较运算符	含义	示例和说明
<	小于，如果<前面的值小于后面的值，则返回 True，否则返回 False	2 < 3 结果为真，返回 True
= =	等于，如果= =两边的值相等，则返回 True，否则返回 False	2 = = 3 结果为假，返回 False
>=	大于等于（等价于数学中的 2），如果>=前面的值大于或者等于后面的值，则返回 True，否则返回 False	2 >= 3 结果为假，返回 False
<=	小于等于（等价于数学中的 S），如果<=前面的值小于或者等于后面的值，则返回 True，否则返回 False	2 <= 3 结果为真，返回 True
! =	不等于（等价于数学中的#≠），如果!=两边的值不相等，则返回 True，否则返回 False	2!=3 结果为真，返回 True

（二）逻辑运算符（表 3-4）

表 3-4　逻辑运算符

逻辑运算符	含义	示例	说明
and	逻辑与运算，等价于数学中的“与”	a and b	当 a 和 b 两个表达式都为真时，a and b 的结果才为真，否则为假
or	逻辑或运算，等价于数学中的“或”	a or b	当 a 和 b 两个表达式都为假时，a or b 的结果才是假，否则为真
not	逻辑非运算，等价于数学中的“非”	not a	如果 a 为真，那么 nota 的结果为假；如果 a 为假，那么 not a 的结果为真。相当于对 a 取反

三、三目、成员、身份运算符

（一）三目运算符

三目运算符又称条件运算符、三元运算符。它是唯一有三个操作数的运算符。一般来说，三目运算符的结合性是右结合的。用中文来描述三目运算符的逻辑是这样的：

```
为真时的结果 if 判断条件 else 为假时的结果
```

首先执行中间的判断条件。当上式中间的判断条件为真时，执行 if 左边，为真时的结果（也可以是一个表达式，函数等）；当上式中间的判断结果为假时，执行 else 右边，为假时的结果（也可以是一个表达式，函数等）。

判断一个数字是奇数还是偶数，并输出结果，可以这样使用三目运算符：

```
#判断并表述x是奇数还是偶数
x=5
y="x为奇数" if x %2 == 1 else "x为偶数"
print(y)
#等价于
print("x为奇数") if x %2 ==1 else print("x为偶数")
```

代码运行结果：

```
x为奇数
x为奇数
```

x % 2 == 1，判断条件为x取余是否等于1，余数是1则为奇数，余数为0则为偶数。当x为5时，判断条件的输出为真，执行if左侧的表达式。

（二）成员运算符

Python支持成员运算符，即判断某元素，是否在一个序列中。序列可以是字符串，列表，元组，字典，集合（表3-5）。

表3-5 Python成员运算符

成员运算符	含义	示例
in	如果在指定的序列中找到值返回True，否则返回False	1 in [1, 2, 3] 结果为真，返回True
not in	如果在指定的序列中没有找到值返回True，否则返回False	'c'not in {'a':'Alice','b':'Bob'} c不是字典的键，结果为真，返回True

（三）身份运算符

Python的身份运算符（表3-6），用来比较两个对象的存储单元。

表3-6 Python身份运算符

身份运算符	含义	示例
is	is判断两个对象的内存地址是否相同，为真返回True，否则返回False	1 is 1 结果为真，返回True
is not	is not判断两个对象的内存地址是否不同，为真返回True，否则返回False	a, b = 'saber','saber' a is not b 结果为假，返回False

注意：身份运算符is，用于判断两个变量引用对象是否为同一个（同一块内存空间），id()相同。比较运算符的==用于判断引用变量的值是否相等。

（四）运算符的优先级

表 3-7 为 Python 运算符优先级由低到高的排序。

表 3-7　Python 运算符优先级

优先级	运算符	描述	优先级	运算符	描述
1	lambda	Lambda 表达式	13	*，/,%，//	乘，除，取余，取整
2	or	逻辑或	14	+x，-x	正，负号
3	and	逻辑与	15	~	按位取反
4	not x	逻辑非	16	* *	幂运算
5	in，not in	成员运算符	17	x. attribute	属性或方法
6	is，not is	身份运算符	18	x[index]	索引
7	<，<=，>，>=，! =，==	比较运算符	19	x[index，index]	寻址段
8	|	按位或	20	f(argumens..))	函数调用
9	^	按位异或	21	(experessin...)	元组显示
10	&	按位与	22	[expressin...]	列表显示
11	<<，>>	移位	23	{key：datum...}.	字典显示
12	+. -	加，减法	24	"expresson..."	字符串

虽然 Python 运算符存在优先级的关系，但尽量不过度依赖运算符的优先级，这会导致程序的可读性降低。因此，建议简化表达式。如果一个表达式过于复杂或较难编写，把它拆分来写。

尽量少依赖运算符的优先级来控制表达式的执行顺序，这样可读性太差，应尽量使用“()”来控制表达式的执行顺序。

第二节　基本输入输出语句

一、input 输入语句

（一）input 语句介绍

Python 程序如何从外界获取输入？我们这里介绍一种，使用 input()方法，从键盘获取的输入。

1. 在 Jupyter 中输入 y=input（“请输入一句话:”），运行该代码可以看到输入框下方弹出一行提示，它就是我们在 input( ) 函数中输入的提示语。

```
y = input("请输入一句话:")
```

代码运行结果：

请输入一句话：

2. 我们在提示语后面的黑色输入框内，输入任意一句话，如：这本书太棒了！

```
y = input("请输入一句话:")
```

代码运行结果：

请输入一句话：

这本书太棒了！

3. 在输入完成后，我们点击 Enter 键，运行该单元格，这句话就输出在屏幕上了。

```
y = input("请输入一句话:")
```

请输入一句话：这本书太棒了！

4. 当我们想要调用 y 变量时，直接调用就可以了。

```
y
```

代码运行结果：

```
'这本书太棒了！ '!
```

（二）input 语句功能

接收标准的输入数据(即从键盘输入)，返回的类型为 string 类型(字符串)。必要时可用 int( )、float( )、eval( ) 函数转换为数据类型。

（三）input 输入语句使用案例

1. 使用 input( ) 函数获取输入的考试成绩 92，并使用 float( ) 函数，将数据转换为浮点类型，赋值给 score。

```
score = float(input("请输入考试成绩:"))
```

请输入考试成绩：92

```
score
92.0
```

2. 使用 input( ) 函数获取输入的班级人数 38，并使用 int( ) 函数，将数据转换为整型，赋值给 count。

```
count = int(input("请输入班级人数:"))
```

请输入考试成绩：38

```
count
38
```

3. 使用 input( ) 函数获取输入的纳税比率，并使用 eval( ) 函数，自动判断数据类型，并实现转换，最终赋值给 rate。

```
rate = eval(input("请输入纳税比率:"))
```

请输入纳税比率：3.5

```
rate
3.5
type(rate)
float
```

注意：使用 eval( ) 函数，存在安全风险，谨慎使用。

二、print 输出语句

（一）print 语句的功能

Python 程序输出形式很多，比如存文件，存数据库，将数据发送到其他服务器，等等。我们这里说的输出语句，是指将内容打印在屏幕上的方法。

将各种类型的数据（字符串、数字、列表、字典、元组、集合）输出到屏幕上。

（二）print 语句使用案例

1. 使用 print( ) 函数打印一个变量的值。

```
con = "今天我又进步了!"
print(con)
```

代码运行结果：

```
今天我又进步了!
```

2. 使用 print( ) 函数打印一行分割线，一串“-”号，中间为“分割线”。

```
print('-'* 10,'分割线', '-'* 10)
```

代码运行结果：

```
----------- 分割线 -----------
```

注意：使用‘ * ’可以将字符串重复数次。打印多个内容可以用英文逗号分隔，sep参数定义分隔字符，默认为一个空格。

3. 设置 sep 参数，用指定“ - ”分隔多个需要打印的值。

```
ID = 2205066
name = '郝学'
age = 20
college = '会计学院'
print(ID, name, age, college, sep='- ')
```

代码运行结果：

```
2205066 -郝学- 20 -会计学院
```

注意：使用 sep 参数时，print( ) 函数中需设置多个参数。仅打印一个参数，sep 不会生效。

4. 设置 sep 参数，用指定“ \ n”（换行符号）分隔多个需要打印的值。

```
ID = 2205066
name = '郝学'
age = 20
college = '会计学院'
print(ID, name, age, college, sep='\n')
```

代码运行结果：

```
2205066
郝学
20
会计学院
```

注意：sep 参数默认为一个空格，修改为换行符号，即每个元素用换行符分隔。

5. 设置 end 参数，用“℃”作为单位符号，来结尾温度值。

```
T=36.5
print(T, end='℃')
```

代码运行结果：

36.5℃

注意：print( )默认就是一个换行结尾，相当于 print（end=“ \ n”）。

6. 定义的字符串与字符串内容的引号相同，可以使用转义字符\或"\"，将引号作为字符输出。

```
con="Never forget to say \" thanks \""
print(con)
```

代码运行结果：

```
Never forget to say " thanks "
```

第三节　条件判断语句

Python 程序可以分三种结构，即顺序结构、选择（分支）结构和循环结构。选择结构也称分支结构，就是让程序"拐弯"，有选择性地执行代码。换句话说，可以跳过没用的代码，只执行有用的代码。条件判断语句可以实现选择结构。if else 语句为条件判断语句的主要表现形式。表现为下列四种。

一、if 语句

If 条件判断语句的执行流程如图 3-1 所示。

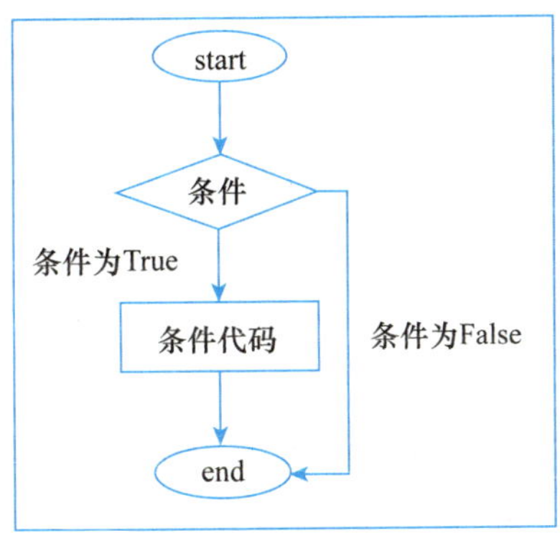

图 3-1　If 条件判断语句的执行流程

If 语句的语法格式为：

```
if 条件判断:
条件代码 1    #条件判断为真,执行条件代码 1
其他顺序代码    # if 条件结构执行完,执行其他代码
```

if 条件判断为真，执行条件代码部分；如果判断为假，顺序执行其他代码。这里可以应用在判断是否出现特定或特殊的情况，出现则执行条件代码部分，否则为正常情况，顺

序执行代码。

if 结构代码示例

```
score = 85.9
if score > 60:
    print("score 为%s,及格了。"% score)
    print("判断结束,可继续执行后续代码。")
```

运行结果为：

```
score 为 85.9,及格了。
```

判断结束，可继续执行后续代码。

二、if-else 语句

If-else 条件判断语句执行流程如图 3-2 所示。

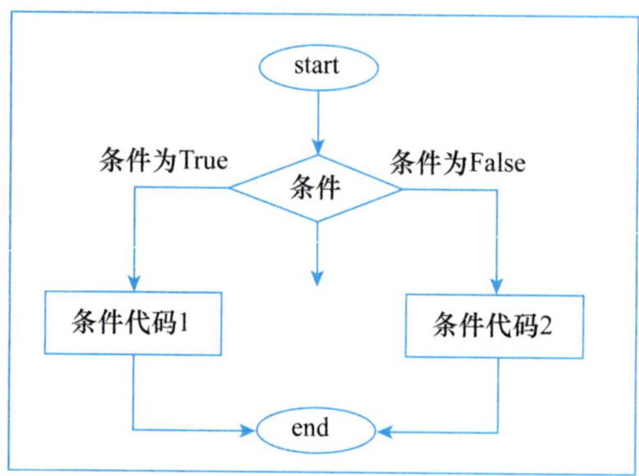

图 3-2　If-else 条件判断语句执行流程

If-else 结构的语法格式为：

```
if 条件判断:
条件代码 1    #条件判断为真,执行条件代码 1
else:
条件代码 2    #条件判断为假,执行条件代码 2
```

if-else 结构适用于出现两种相反的情况。else 后面不用再写条件判断。

if-else 结构代码示例：

```
score = int(input("请输入成绩(0~100 整数):"))
if score >= 60:
    print("成绩为%s,及格" % score)
else:
    print("成绩为%s,不及格" % score)
```

运行结果为：

```
请输入成绩(0~100 整数):80
成绩为 80,及格
```

三、if-elif 语句

If-elif 条件判断语句的执行流程如图 3-3 所示。

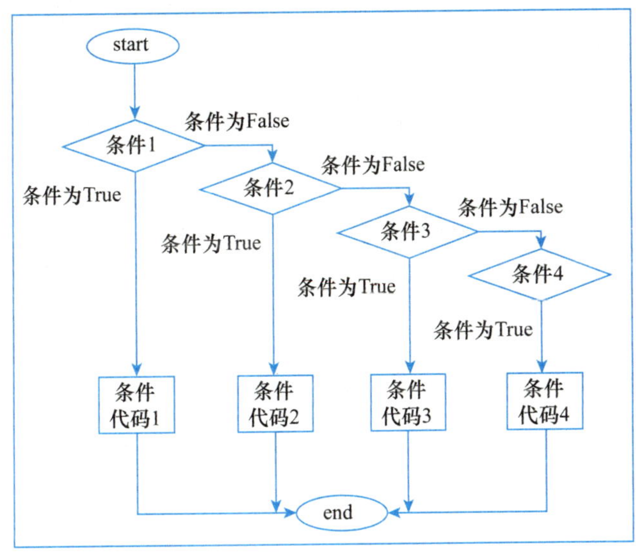

图 3-3 If-elif 条件判断语句的执行流程

If-elif 结构的语法格式为：

```
if 条件判断 1:
条件代码 1    #条件判断 1 为真,执行条件代码 1
elif 条件判断 2:
条件代码 2    #条件判断 2 为真,执行条件代码 2
elif 条件判断 3:
条件代码 3    #条件判断 3 为真,执行条件代码 3
```

if-elif-else 结构的语法格式为：

```
if 条件判断 1:
条件代码 1    #条件判断 1 为真,执行条件代码 1
elif 条件判断 2:
条件代码 2    #条件判断 2 为真,执行条件代码 2
```

```
elif 条件判断 3:
条件代码 3    #条件判断 3 为真,执行条件代码 3
else:
条件代码 4    #条件判断 123 为假,执行条件代码 4
```

if-elif 结构和 if-elif-else 结构是一致的，else 补充判断条件都不满足或不容易写出条件判断的情况。该结构适用于存在很多种情况的判断，if 和其余每个 elif 后面都需要写条件判断语句。适用场景如个税缴纳金额的计算，打折促销结算，成绩评定等。

if-elif 结构代码示例：

```
score = int(input("请输入成绩(0~100 整数)"))
if score < 60:
print("成绩为% s,不及格" %  score)
elif score <70:
print("成绩为% s,及格" %  score)
elif score <80:
print("成绩为% s,中等" %  score)
elif score <90:
print("成绩为% s,良好" %  score)
elif score <=100:
print("成绩为% s,优秀" %  score)
```

运行结果为：

```
请输入成绩(0~100 整数)87
成绩为 87,良好
```

四、if 嵌套语句

if-嵌套结构，适用于存在多层判断的情况。具体的结构可以理解为，if 结构、if-else 结构、if-elif 结构互相嵌套。在实际应用场景中，我们需要判断的情况可能非常的多，需要灵活使用。需要特别注意的是缩进的问题，一般涉及语句都会看到缩进。通常情况下，我们使用 4 个空格（Space 键）来控制缩进。如本节伪代码中的条件代码块，与它紧邻上面的条件判断语句相差 4 个空格的缩进。同一个判断条件下，缩进保持一致，保持 4 个空格。嵌套结构在外层缩进的基础上，也要保持内层缩进。随意缩进和缩进不一致的情况，都会出现报错。

第四节　循环语句

一、如何循环

生活中，经常能见到循环，例如：季节的循环更替、路口交通信号灯的循环亮灭、自然界的水循环等。不断重复相同的几件事，就可称之为循环。编程中也能实现循环。我们来看图 3-4，校食堂做一周的食物计划，他们可能需要执行一个循环。

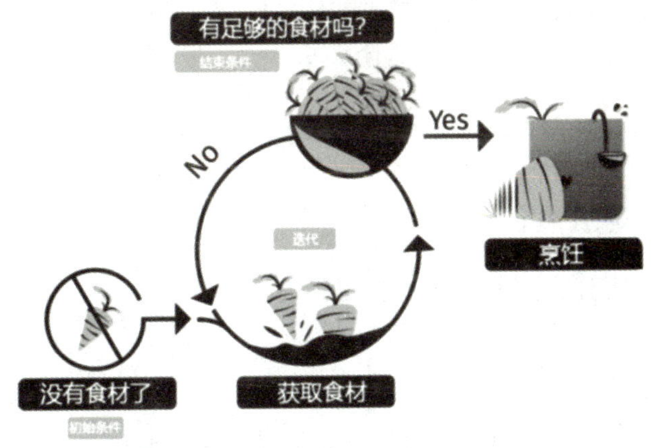

图 3-4　周计划流程

一段循环通常需要一个或多个条件：

一个开始条件，它被初始化为一个特定的值，这是循环的起点（“开始：没有食物”，图 3-4）。

一个结束条件，这是循环停止的标准，通常为计数器达到一定值。如图 3-4 所示的结束条件“有足够的食物”吗？假设食堂每天至少准备 1 万份食物，一周足够的食物量为 7 万份，7 万份可理解为循环结束的条件。

一个迭代器，通常在每个连续循环上递增少量的计数器，直到达到退出条件。如果周一食物储备不足 7 万份，还需要继续增加本周的食材，单次采购，运输量有限，需多次的采购。如果足够了，可以不用采购了。

在 Python 中，常用两种循环语句：for 循环语句，while 循环语句。还有用来控制循环的语句，continue 语句，break 语句。

二、for 循环语句

（一）for 循环语句的执行流程（图 3-5）

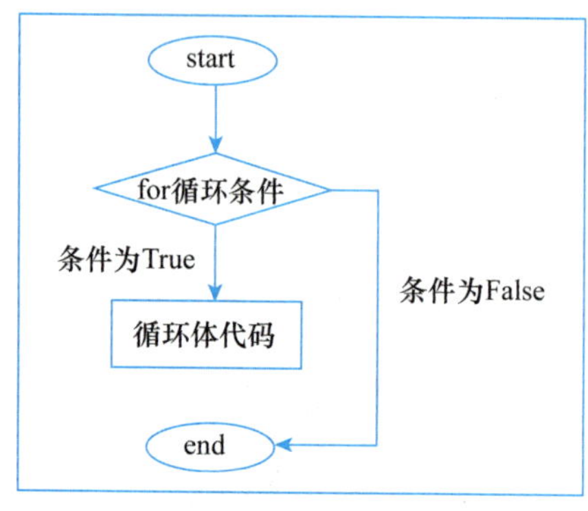

图 3-5　for 循环语句的执行流程

（二）for 循环语法格式

```
for 变量名 in 可迭代对象:
循环体代码
#可迭代对象可以是字符串、列表、字典、元组、集合
#不满足 for 循环条件,不再执行循环体代码,退出 for 循环
```

for 循环执行过程。首先判断循环条件表达式的值，其值为真（True）时，则执行循环体代码，当执行完毕后，再回过头来重新判断条件表达式的值是否为真。若仍为真，则继续重新执行循环体代码... 如此循环，直到条件表达式的值为假（False），才终止循环。

注意：粉色框中为伪代码。伪代码不是真正的代码，它能描述程序算法结构，有助于理解程序逻辑。

（三）for 循环语句代码示例

1. 示例 1

```
for i in range(1, 5):
print(i)
```

运行结果为：

```
1
2
3
4
```

例子中：for i in range（1，5）：是遍历 1，2，3，4 这四个数字，依次赋值给变量 i；（1，5）的意思，类似数学中的左闭右开区间［1，5），1 到 5 的数字中，5 不能取到。

2. range 函数

```
range(start, stop, step)
    start:记数从 start 开始,默认从 0 开始。
        例如:range(5)等价于 range(0, 5)

    stop:记数到 stop 结束,但不包括 stop。
        例如:list(range(0, 5)),结果是[0, 1, 2, 3, 4],不包括 5

    setp:步长,默认为 1。
        例如:range(0, 5),等价于 range(0, 5, 1)
```

3. 示例 2

```
#步长为 2
for i in range(0, 11, 2):
    print(i)
```

运行结果为：

```
0
2
4
6
8
10
```

例子中，for i in range（0，11，2）：是遍历 0~10 之间的偶数，依次赋值给变量 i，（0，11）的意思类似数学中的左闭右开区间［0，11），0 到 11 的数字中，11 不能取到，但还有步长为 2，就取到 0~10 之间的偶数了。

4. 示例 3

```
course=["高等数学", "线性代数", "数理统计"]
for one in course:
print(one)
```

运行结果为：

```
高等数学
线性代数
数理统计
```

for 循环遍历列表，不用使用 range 函数，将列表的变量名写在 in 后，可以实现对整个列表的遍历。for 循环中列表的每个元素，依次赋值给 one，直到列表中的元素被遍历完，自动退出 for 循环。

5. for 循环语句打印出九九乘法表

```
for i in range(1, 10):
    for j in range(1, i+1):
        print(f'{i}×{j}={i*j}\t', end='')
    print()
```

运行结果为：

```
1×1=1
2×1=2	2×2=4
3×1=3	3×2=6	3×3=9
4×1=4	4×2=8	4×3=12	4×4=16
5×1=5	5×2=10	5×3=15	5×4=20	5×5=25
6×1=6	6×2=12	6×3=18	6×4=24	6×5=30	6×6=36
7×1=7	7×2=14	7×3=21	7×4=28	7×5=35	7×6=42	7×7=49
8×1=8	8×2=16	8×3=24	8×4=32	8×5=40	8×6=48	8×7=56	8×8=64
9×1=9	9×2=18	9×3=27	9×4=36	9×5=45	9×6=54	9×7=63	9×8=72	9×9=81
```

i 是第一个乘数（1~9），控制每行行数

j 是第二个乘数（1 i），控制每行的列数，最大与 i 相同

print 函数中，\t 表示一个 tab，打印时分隔每个乘式，end='' 表示每个乘式不换行（默认换行），直接连接 print() 表示每行打印完，进行换行。

三、while 循环语句

while 循环语句类似 for 循环和 if 条件判断语句的结合。while 循环语句也需要判断。

（一）while 循环语句的执行流程（图 3-6）

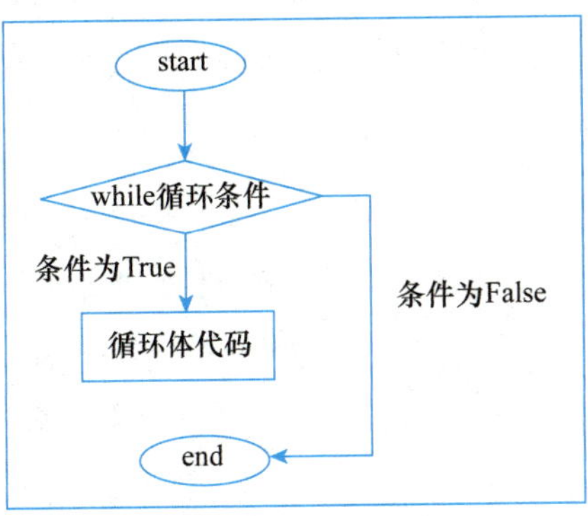

图 3-6　while 循环语句的执行流程

（二）while 循环语句的语法格式

```
while 条件判断:
条件代码
#条件判断为真,执行条件代码
```

while 循环执行过程，首先判断循环条件表达式的值，其值为真（True）时，则执行条件代码块中的语句，当执行完毕后，再回过头来重新判断条件表达式的值是否为真，若仍为真，则继续重新执行条件代码块 ... 如此循环，直到条件表达式的值为假（False），才终止循环。

（三）while 循环语句代码示例

1. while 循环语句代码示例

```
number=0
while number<5:
    print(f"number 为:{number}")
    number=number+1
```

代码执行结果：

```
number 为:0
number 为:1
number 为:2
number 为:3
number 为:4
```

本例中 number 是在 while 语句中条件判断的参数，首先需要定义它的初始值，之后我们在 while 语句中，确定需要循环的次数，循环次数与 number 之后如何增加或减少有关。本例中每次循环 number 增加 1。增加到 number = 5 时，while 条件判断为假，此时退出 while 循环，不再执行 number=5 时的逻辑。number 从 0~4，循环执行了 5 次。

2. for 循环转换为 while 循环案例

循环输出 10 以内偶数

```
for num in range(0,11):
    if num % 2== 0:
        print(f"num 为:{num}")
```

```
num = 0
while num <= 10:
    if num % 2 == 0:
        print(f"num 为:{num}")
    num = num + 1
```

代码执行结果:

```
num 为:0
num 为:2
num 为:4
num 为:6
num 为:8
num 为:10
```

```
num 为:0
num 为:2
num 为:4
num 为:6
num 为:8
num 为:10
```

3. 使用 while 循环,写一个倒计时的功能,每隔一秒变更显示内容

```
import time
count=5
while count!=0:
    print(f"还需要等待{count}秒")
    time.sleep(1)    #程序等待 1 秒钟
    count=count-1
print("等待结束!")
```

代码执行结果:

```
还需要等待 5 秒
还需要等待 4 秒
还需要等待 3 秒
还需要等待 2 秒
还需要等待 1 秒
等待结束!
```

提示：import time 导入时间库，要用到等待或暂停的功能。! =表示不等于。当 count 不等于 0 时，while 判断条件为真。time. sleep（1）表示在此处，程序暂停 1 秒钟。

4. 使用 while 循环，完成食堂采购的案例

```
food_count= 0
while food_count < 70000:
    print(f"食物的总量为{food_count}份,数量不足,仍需采购")
    food_count += 10000
print(f"采购完成,食物的总量为{food_count}份!")
```

代码执行结果：

```
食物的总量为 0 份,数量不足,仍需采购
食物的总量为 10000 份,数量不足,仍需采购
食物的总量为 20000 份,数量不足,仍需采购
食物的总量为 30000 份,数量不足,仍需采购
食物的总量为 40000 份,数量不足,仍需采购
食物的总量为 50000 份,数量不足,仍需采购
食物的总量为 60000 份,数量不足,仍需采购
采购完成,食物的总量为 70000 份!
```

5. while 死循环代码示例

当 while 循环的判断条件一直为真，循环就会陷入死循环。

```
while True:
print("死循环中")
```

上述代码中，循环条件始终为 True，没有退出循环的条件，循环无法退出，持续执行循环体代码，这样的循环称为死循环。

为真的情况不仅限于本例中的 True，还有很多种，如非 0 的数字类型都为真，非空的字符串都为真，等等。如果要退出循环，可以使用 break 语句进行控制。

四、continue 语句

continue 翻译为“继续”，在代码逻辑中也是同样的意思。用于循环语句的循环体中，它的作用是终止下面的语句，继续执行下一次循环。例如：

```
for i in range(1, 6):
        if i in [2, 3, 4]:
            continue
    print("当前的 i 是:", i)
```

代码执行结果：

```
当前的 i 是：1
当前的 i 是：5
    for 循环依次遍历 1,2,3,4,5 五个数。
    i=1 时,i 不在[2, 3, 4]中,不执行 continue,顺序执行 print。
    i=2 时,i 在[2, 3, 4]中,执行 continue,后面的代码不再执行,进行下一次 for 循环。
```

注意：continue 并不会跳出循环。continue 执行时，会忽略后面的逻辑，直接执行下一次循环。

五、break 语句

break 翻译为“打破”，在代码逻辑中起到和词义相似的作用。用在 for、while 循环语句中。当执行 break 语句时，会直接跳出循环，执行和循环语句相同缩进的后续代码。例如：

```
for i in range(1, 6):
    if i in [2, 3, 4]:
        break
    print("当前的 i 是:", i)
print("for 循环结束")
```

代码执行结果：

```
当前的 i 是：1
for 循环结束
    for 循环依次遍历 1,2,3,4,5 五个数。
    i=1 时,i 不在[2,3,4]中,不执行 break,顺序执行 print。与 for 同缩进的
print 不执行。
    i=2 时,i 在[2,3,4]中,执行 break,后面的代码不再执行,直接退出 for 循环。
```

注意：break 执行时会忽略后面的逻辑，break 会直接跳出循环。

六、pass 语句

pass 语句是空语句，什么都不执行，不做任何事情，用于占位。它的作用一般不体现在完整代码的逻辑中，常用在代码编写过程中，我们不确定逻辑如何写，可以使用 pass 先占位，不影响整体逻辑的执行，Python 解释器会忽略 pass 占位处的语法异常，起到不报错的作用。例如：

```
for i in range(1, 6):
    if i in [2, 3, 4]:
        pass
    print("当前的 i 是:", i)
    print("for 循环结束")
```

代码执行结果：

```
当前的 i 是：1
当前的 i 是：2
当前的 i 是：3
当前的 i 是：4
当前的 i 是：5
for 循环结束
```

for 循环依次遍历 1，2，3，4，5 这 5 个数。

i=1 时，i 不在［2，3，4］中，不执行 pass，顺序执行 print。与 for 同缩进的 print 不执行。

i=2 时，i 在［2，3，4］中，执行 pass，之后，顺序正常执行后面的代码。

正常情况下，Python 执行 for 循环，循环体结构中没有任何代码会报异常，这里我们如果不确定如何写，或后续再补充代码，可以先用 pass 语句占位，一方面提醒这里缺少代码，另一方面不影响整体代码的运行。pass 语句不止应用于循环语句中，在代码编写和调试必要时，都可以使用它。

第四章 Python 函数和类

教学目的

使学生掌握 Python 函数及类的使用。

思政目标

通过学习 Python 函数及类的相关知识，引导学生设计和实现函数和类来解决实际问题，激发学生的创造力和创新能力。

第一节 Python 的函数

一、什么是 Python 函数

（一）什么是 Python 函数

“函数”对应的英文单词是 Function。

剑桥词典中的解释译为：计算机或计算机程序用来完成任务的过程。

牛津词典中的解释译为：执行基本操作的程序等的一部分。

韦氏词典中的解释译为：用程序提供的变量进行计算，并为程序提供单一结果的一种程序。

其实我们可以理解为：函数是将一些语句集合在一起，能够多次执行的代码块，就像一个装有特定工具的盒子。它允许我们输入的实际参数，并能够得到数个返回值，从而实现特定的功能，例如 max 函数能够直接计算出列表里的最大值。用于提高程序效率，打包好且可重复使用的一段代码。

（二）为什么使用函数

1. 最大化代码重用。函数允许我们整合并通用化代码，方便多次使用，实现一处编写，多处运行。

2. 最小化代码冗余。在最大化代码重用的基础上，减少代码冗余、降低代码维护成本。

3. 复杂过程的分解。如公司主营业务成本计算的工作，分解为多个子任务来完成，每个子任务对应数量不等的函数，独立地实现较小的任务要比一次完成整个任务要容易得多。

（三）函数的分类

1. 内置函数。Python 语言内置了常用的函数，如 max( )、min( )，可以直接使用。

2. 标准库函数。安装 Python 的同时，也安装一些标准库函数，如 math、random 等。通过 import 语句导入标准库后，可以使用。

3. 第三方库函数。PyPI（Python Package Index）是 Python 官方的第三方库的仓库，提供了许多功能丰富、强大的库。下载安装后，通过 import 语句导入第三方库，可以使用导入库中的函数。

4. 用户自定义函数。任何人都可以通过编写代码，定义自己的函数。

二、如何自定义函数

（一）函数的组成部分

函数的组成部分可总结为以下几点。

1. 函数代码块以 def 关键字开头，这是函数的一个基本标志，后面接函数名称和英文括号及内部参数（自定义），以英文冒号结束第一行；

2. 传入的参数须放在 def 后的圆括号内，以英文逗号分隔，数量不限，若没有传入参数，可以直接保留空的圆括号即可；

3. 函数的第二行，可以使用英文三引号给该函数做多行备注和说明，当然该行可有可无；

4. 函数体的内容以 def 的缩进为标准，再缩进四个空格，行数不宜过多；

5. return［表达式］结束函数，选择性地返回零个、一个值或多个值给调用方。不带表达式的 return 相当于返回 None，函数执行结束。见图 4-1。

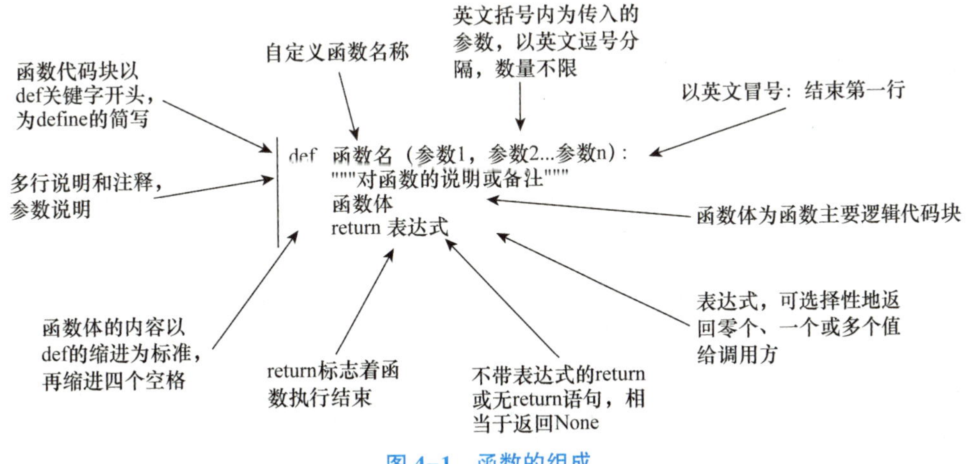

图 4-1　函数的组成

（二）自定义一个函数

好时光公司的会计人员要计算月末库存存货成本。月末库存存货的数量为 1500，存货单位成本为 1.5 元。他想通过函数实现传入任意的数量和单位成本，都能获得本月月末库存存货成本的计算结果，如何做？

首先，给该函数取一个名字，例如 end_month_cost，在观察题时我们需要传入的计算的参数为数量和单位成本，所以我们需要传入的参数分别为数量（count）与单位成本（per_cost）。其次，函数的主体是用来计算存货成本的，其公式为：本月月末库存存货成本＝月末库存存货的数量×存货单位成本，所以我们所求的存货成本（cost）＝数量（count）×单位成本（per_cost）。最后，返回我们计算的结果。这个就是函数编写的大致思路。

参考函数：

```
def end_month_cost(count, per_cost):
#本月月末库存存货成本=月末库存存货的数量* 存货单位成本
    cost = count* per_cost
    return cost
```

函数体为具体计算过程，return 将最后的计算结果返回。根据实际需要，说明可以简写或省略。上述函数可简化为：

```
def end_month_cost(count, per_cost):
    return count* per_cost
```

（三）函数的调用

如何调用已经定义好的 end_month_cost 函数？

观察发现，函数体中没有任何的数值，需要计算的数据是通过参数传递给函数的，那么，在调用函数的时候，如何给函数传递参数？

调用函数需要做两件事，第一个是指定调用函数的名称；第二个是为调用的函数传递参数。语法格式为：

```
函数名(参数1,参数2... 参数n)
```

调用上例函数并且直接打印的可以写为：

```
def end_month_cost(count, per_cost):
    return count* per_cost
print(end_month_cost(1500, 1.5))
```

（四）自定义函数案例

现投资 1000 元，投资报酬率为年利率 12%，在 5 年期满时可收回的金额是多少？Python如何实现？

定义一个函数，名称为 end_money，设置传入参数 investment_money。函数体接受参数计算完成后通过 return 语句返回计算的结果。

```
def end_money(investment_money):
#收回金额=投资金额* (1 + 12%)5
    end_money = investment_money* (1+0.12)* *5
    return end_money
print("%.2f" % end_money(1000))
```

调用函数，将传入参数 investment_ money 设为 1000，新道代码编译器中运行结果为：

```
1762.34
```

三、函数的返回值

函数的返回值在函数被执行后，返回给调用方。根据实际需求的不同，函数的返回值可以为 None、一个返回值、多个返回值。return 语句也可出现一次或多次，多条 return 语句可应用在 if-else、if-elif、if 嵌套结构中。

（一）返回值为 None（1）

延续之前的案例，我们不写 return 后面的表达式，程序运行的结果是什么？

```
def end_money(investment_money):
#收回金额=投资金额* (1 + 12%)5
    end_money = round(investment_money * (1+0.12)* * 5, 2)
    return end_money
print(end_money(1000))
```

运行结果为：

```
None
```

Python 程序中是允许 return 后不接任何表达式的。当没有任何表达式时调用该函数段的返回值即为空（none），也就是没有返回数据，这是如果函数段里有 print 函数即可打印出 print 中的东西。若没有 print，输出的结果即为 none。

（二）返回值为 None（2）

函数中不出现 return 语句，程序运行后的结果是什么？

```
def end_money(investment_money):
#收回金额=投资金额 * (1 + 12%)5
    end_money = round(investment_money * (1+0.12)* * 5, 2)
    print("没有 return 语句")
print(end_money(1000))
```

运行结果为：

```
没有 return 语句
None
```

当 Python 程序中不写 return 语句，返回值也是 None，和 return 后没有表达式的含义大致相同。

（三）多个返回值

return 语句后，用英文逗号隔开多个返回值。

```
def fun(x, y):
    return x+y, x-y
```

函数有多个返回值时，以元组的形式返回。

（四）多个返回值的接收

在调用有多个返回值的函数时，可以用一个或多个变量接收返回值。应用之前的案例，使用 a，b 两个变量接收函数的两个返回值，a 对应第一个返回值 x+y，b 对应第二个返回值 x-y。返回值的和接收参数的类型一致，即 a 与 x+y，b 与 x-y 类型一致。

使用一个变量 c 接收函数的两个返回值，多个返回值以元组的类型返回，赋值给 c。注意：两种方法本质上没有区别，多个返回值会以元组形式返回，使用多个变量接收时，发生了这样的赋值。a，b = (3，9)

```
def fun(x, y):
    return x+y, x-y
a, b=fun(3, 9)
c=fun(4, 7)
print(a, b, type(a))
print(c, type(c))
```

运行结果为：

```
12 -6 <class 'int'>
(11, -3) <class 'tuple'>
```

（五）多条 return 语句

多条 return 语句可以出现在函数的任何位置，当执行到第一个 return 语句时，该段程序结束，返回到调用程序。

定义一个函数，传入两个参数，当 x>y 时输出 x-y 的结果，否则输出 y-x 的结果。当第一个 return 执行后，函数段中的后续的代码将直接结束。

```
def fun(x, y):
    if x>y:
        return x-y
    else:
        return y-x
a=fun(3, 9)
print(a)
```

运行结果为：

```
6
```

四、函数的参数

设置与传递参数是函数的重点，而 Python 的函数对参数的支持非常灵活。按使用的方式可分为默认参数、关键字参数（位置参数）、不定长参数。

（一）默认参数

例如：郝美同学购买若干化妆品，想计算一下一共缴纳多少消费税。税率目前为30%。税率可能会更改。我们可将“税率”作为一个默认参数，写进函数的参数。

```
def cosmetics_consumption_tax(cost, rate=0.3):
    """化妆品消费税 30% """
    return cost * rate
print(cosmetics_consumption_tax(200))
```

如果调用函数时，没有传递 rate 参数，那么函数会按给定默认的值，进行计算。默认参数制定时，需要注意以下两点。

不可以将默认参数设置为可变类型。默认参数设置为可变类型（列表、字典、集合）时，要谨慎。可设置为不可变类型 None、True、False、数字、字符串、元组。

如果不明确参数的内容，可对参数进行判断，再做处理。

（二）关键字参数

上面使用默认参数，调用时，传入参数的顺序，需要和定义时保持一致。在调用函数时，使用关键字参数，可以跳出顺序一致的限制。

```
def cosmetics_consumption_tax(cost, rate):
    """化妆品消费税 30% """
    return cost * rate
print(cosmetics_consumption_tax(rate=0.3, cost=200))
```

结果为：

```
60.0
```

如果按顺序传递参数即位置参数，不按位置传递，可以按关键字传递参数。优势为：

1. 不必担心函数定义时参数的位置和顺序，使用函数变得更加简单了。

2. 假设其他参数都有默认值，可以给我们想要的部分参数赋值，不在意已有默认值的参数。

（三）不定长参数

1. 元组形式

传入参数个数不确定时，我们可以使用不定长参数。Python 提供了一种元组的方式来接收没有直接定义的参数。这种方式在定义函数参数时前面加 * 。如果在函数调用时，没有指定参数，它是一个空元组。

```
def customer(name, number, sex="女", * hobby):
    print(f'名字:{name}', end=" ")
    print(f'年龄:{number}', end=" ")
    print(f'性别:{sex}', end=" ")
    print(hobby)
    print(customer("张三", 23, "男", "打球", "跳舞"))
print(customer("李四", 27))
```

结果为：

```
名字:张三年龄:23 性别:男('打球', '跳舞')
None
名字:李四年龄:27 性别:女()
None
```

注意：

（1）调用时，参数按位置顺序，一一对应，多出的参数全部放入不定长参数的元组里。

（2）调用时，不定长参数未传值，其结果为空元组。

2. 字典形式

传入参数个数不确定时，我们可以使用不定长参数。Python 提供了一种字典的方式来接收没有直接定义的参数。这种方式在定义函数参数时前面加 * * 。如果在函数调用时，没有指定参数，它是一个空字典。

```
def customer(name,number, sex="女", * hobby):
    print(f'名字:{name}', end=" ")
    print(f'年龄:{number}', end=" ")
    print(f'性别:{sex}', end=" ")
    print(hobby)
print(customer("张三", 23, "男", hobby=("打球", "跳舞")))
print(customer("李四", 27))
```

结果为：

```
名字:张三年龄:23 性别:男{'hobby': ('打球', '跳舞')}
None
名字:李四年龄:27 性别:女{}
None
```

注意：调用时，使用字典形式的不定长参数传递参数时，需要使用关键字方式传递参数，不定长参数将它们转为字典。

五、匿名函数

定义函数可以不给函数命名吗？答案是肯定的。Python 中可以定义匿名函数。使用 lambda 创建。基本语法：

```
lambda arg1, arg2, ...argn:expression
```

实例：

```
tax = lambda cost, rate: cost * rate
print(tax(200, 0.3))
```

结果为：

```
60.0
```

定义两个参数，cost 和 rate，包含参数的表达式为 cost * rate，参数和参数的表达式用英文冒号分隔。

由 lambda 表达式所返回的函数对象与 def 创建并赋值后的函数对象工作起来是一样的，但是 lambda 有一些不同之处。

（1）lambda 是一个表达式，而不是语句。

（2）lambda 的主题是一个单独的表达式，而不是一个代码块。

六、变量的作用域

变量定义的位置不同，它可以被访问的范围也不同。变量可以被访问的范围称为变量的作用域。可分为全局变量、局部变量。

（一）全局变量

全局变量指在函数、类之外定义的变量。它的作用域为其所在模块。

郝学同学定义一个函数计算居民企业的企业所得税。将税率定义为全局变量。

```
rate = 0.25
def resident_enterprise_tax(income):
    return income * rate
print(resident_enterprise_tax(300000))
```

结果为：

```
75000.0
```

注：企业的企业所得税为 25%。

（二）局部变量

局部变量指在函数（函数的参数）、类内定义的变量。它的作用域为函数体内，或类以内。

变量的作用域郝学同学定义一个函数，计算居民企业的企业所得税。将税率定义为局部变量。

```
rate = 0.3
def resident_enterprise_tax(income):
    rate = 0.25
    print('局部变量 rate', rate)
    return income* rate
print('全局变量 rate', rate)
print(resident_enterprise_tax(300000))
```

结果为：

```
全局变量 rate 0.3
局部变量 rate 0.25
75000.0
```

注：企业的企业所得税为 25%。

（三）全局声明变量

如果要在函数体内，对全局变量进行修改，可以使用 global 语句，声明变量为全局变量。

```
rate = 0.3
def resident_enterprise_tax(income):
    global rate
    print('全局变量 rate 修改前', rate)
    rate = 0.25
    print('全局变量 rate 修改后', rate)
    return income * rate
print(resident_enterprise_tax(300000))
print('全局变量 rate', rate)
```

结果为：

```
全局变量 rate 修改前 0.3
全局变量 rate 修改后 0.25
75000.0
全局变量 rate 0.25
```

在函数内部使用 global 语句将 rate 声明为全局变量，实现在函数内部修改全局变量。一般避免频繁使用，它会导致程序可读性变差。

第二节 Python 的类

一、面向对象

（一）面向对象的概述

在函数的编写中，通过传入参数来解决相应的问题。如果遇到更加复杂的问题，用结构化程序设计方法设计出函数众多的代码，对于阅读代码、修改参数、问题的定位与解决是非常不便的，于是面向对象的程序设计方法应运而生。Python 使用类（class）和对象（object），进行面向对象编程（Object Oriented Programming，OOP），它是一种计算机编程架构。OOP 达到了软件工程的三个主要目标：重用性、灵活性和扩展性。

面向对象程序设计方法是尽可能模拟人类的思维方式，把客观世界中的实体抽象为问题域中的对象，将数据、属性、方法组成为一个整体来看待，使得软件的开发方法与过程尽可能接近人类认识世界解决现实问题的方法和过程。

面向对象程序设计以对象为核心，该方法认为程序由一系列对象组成。类是对现实世界的抽象，包括表示静态属性的数据和对数据的操作，对象是类的实例化。对象间通过消息传递、相互通信，来模拟现实世界中不同实体间的联系。在面向对象的程序设计中，对象是组成程序的基本模块。

（二）类和对象

类（class）。用来描述具有相同的属性和方法的对象的集合。它定义了该集合中每个对象所共有的属性（attribute）和方法（method），如办公软件（图 4-2）。通俗来讲，类就是一种类型的人或事，有共同的特征。对象就是一个具体的人或事，有自己的特征也有共同的特征。

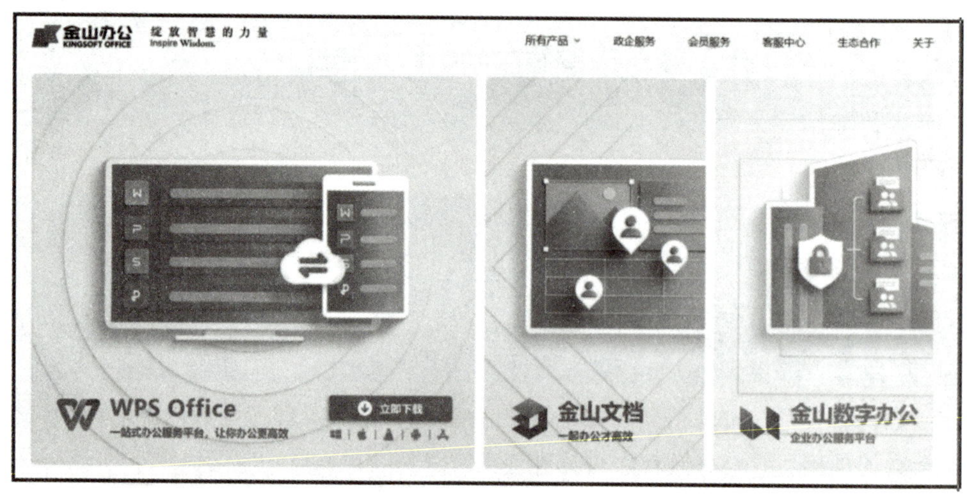

图 4-2　WPS 办公软件

对象（object）。对象是类的实例化，是通过类定义的数据结构的实际展现。类是抽象的，对象是类的具体实例，或者称类的实体。具有描述类的属性和方法的功能。例如：WPS 表格或者 WPS 文字，它们都具有办公软件的特征，均用于处理工作，但是自身又具有自己的特征，例如表格用于处理数据，文字用于处理文档（图 4-3）。

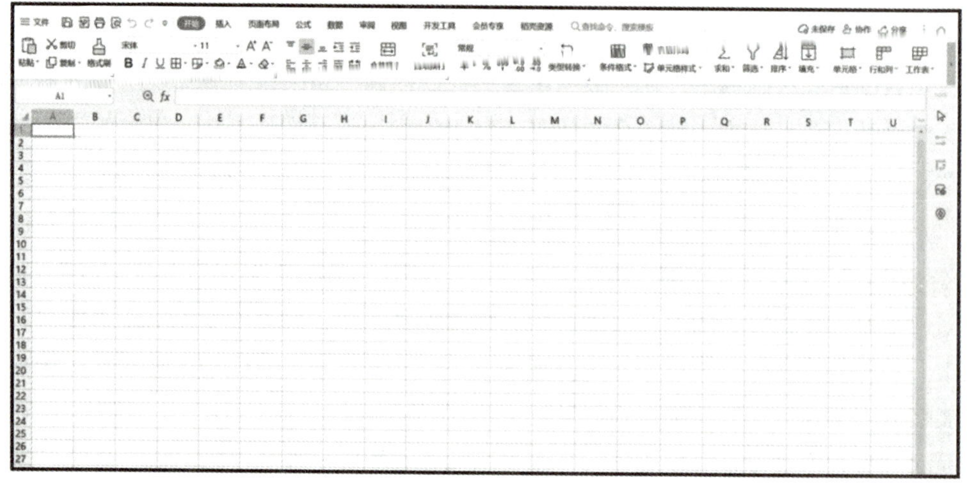

图 4-3　WPS 表格软件

（三）面向对象的特征

1. 封装。将抽象得到的数据和行为（或方法）相结合，形成一个有机的整体（类）。目的是增强安全性和简化编程。使用者不必了解具体的实现细节，而是通过外部接口、特定的访问权限来使用类的成员。

2. 继承。通过类定义的数据结构实例，即一个派生类（derived class）继承基类（base class）的属性和方法。继承也允许把一个派生类的对象作为一个基类对象对待（多重继承）。继承允许我们定义继承另一个类的所有属性和方法的类。父类是被继承的类，也称为基类。子类是继承后的新类，也称为派生类。

3. 多态。多态是指对不同类型的变量进行相同的操作，它会根据对象（或类）类型的不同而表现出不同的行为。多态的特点：只关心对象的实例方法是否同名，不关心对象所属的类型。对象所属的类之间，继承关系可有可无。多态的好处可以增加代码的外部调用灵活度，让代码更加通用，兼容性比较强。多态是调用方法的技巧，不会影响到类的内部设计。

二、类的定义和实例的创建

（一）如何定义类

定义一个房屋类，它具有一些属性：门的颜色、面积、户型。有两个方法，可以用钥匙把门打开，可以旋转把手推开窗。

类是属性和方法的集合，如何来体现呢？

```
#定义类的语法格式
class ClassName(): #定义类的名字
<statement-1>
……
<statement-N>


#定义一个类
class BaseHouse():      #类属性
    door = "原木色"
    area = 130
    Type = "三室一厅"
    #实例方法 self 表示自己定义的实例
    def opendoor(self):
        print("门可以用钥匙打开")
```

```
    def openwindow(self):
        print('旋转把手,用力推开')
BaseHouse=BaseHouse()
BaseHouse.opendoor()
```

我们查看属性和方法的缩进，发现类的定义顶格书写，属性和方法都进行对应的缩进。类的属性的定义，与定义变量相似。变量的名称即属性的名称，属性名根据需要合理制定。后面会讲到实例属性，它与类属性稍有区别。实例方法和定义函数相似，但需要注意缩进。第一行 def 就需要缩进四个空格，之后再进行实例方法的编写，与我们学习过的函数原理一样，但是需要在括号中加入 self。self 的含义后面再讲。我们可以简单地理解，类中的变量叫属性，类中的函数叫方法。类的属性和方法根据定义方式的差异，有不同的分类，其中类的属性可以分为类属性、实例属性和私有属性。类中的方法可以分为类方法、静态方法、公有方法和私有方法。

（二）如何理解类

1. 类的定义

类用来描述具有相同的属性和方法的对象的集合。它定义了该集合中每个对象所共有的属性和方法。对象是类的实例。简化概念，我们可以理解到：类是描述对象的集合，集合中包含属性和方法。属性可以理解为变量。用建造房子的例子继续理解，可以得出房屋设计图纸（类）可以用来描述房子（对象）。房屋设计图纸（类）定义了建好的房子（对象）中所有的房间结构、朝向、大小面积等（属性），以及门窗使用方法（方法）。建好的房子（对象）是房屋设计图纸（类）的实例化表现形式。

2. 类中的属性和方法的示意图

从图 4-4 中我们看出类将属性和方法封装在一起。封装是有目的、有计划的封装，把设计图纸中需要的属性和方法（函数）封装在一起，让一张设计图变得符合需求，一个类变得方便调用。

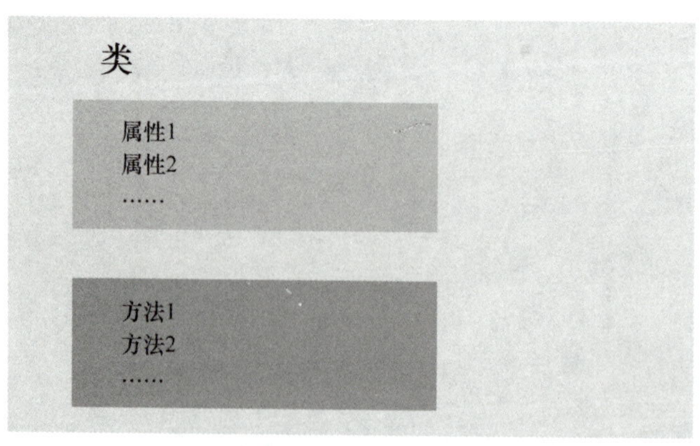

图 4-4　类中的属性和方法

(三) 类属性的定义与调用

类中直接创建的属性，所有实例都可以访问该类的属性。且所有实例访问的类属性都是同一个。类属性有且只有一份。

定义类属性，给变量直接赋值，该变量就是类属性的名称，所赋的值即属性的内容。可以是数字、字符串等类型。

company = Company( ) 作用是类的实例化，创建实例对象 company，并拥有了 Company 类中的属性，可通过实例化对象属性来调用类中的属性。类属性是事先已知的。如果想给类增加自定义的属性，就需要实例属性来做补充。

```
#定义一个类
class Company():
#类属性
    Type = "教育培训"
    establish_date = "2011-04-30"

    #创建类的实例
company = Company()
print(company.Type)   #调用类属性
print(Company.establish_date)
```

(四) 类的实例属性的定义与调用

实例属性一般在类之外传递具体的值，可以在类中定义属性名，也可以在类之外进行定义。

1. 类的实例属性与类属性稍有区别。需要先定义__init__( ) 函数，可以理解为初始化，其后括号中第一个参数永远是 self，表示创建的类实例本身。后面的参数名称，自己定义，数量不限。在__init__方法内部，就可以把各种属性通过 self. 参数名形式绑定到 self，将属性赋值给实例属性。当有实例化对象时，对象同时就拥有了这些属性。

2. 实例的属性在定义时，不同于类属性。直接赋值，它只定义了属性的名称。属性的值需要在实例化时，传递给__init__( ) 函数。self 对应的是实例化对象自己，不需要传递参数。其他参数一一对应即可。也可以用关键字传递参数。

```
#定义一个类
class Firm():
    def __init__(self, Name, esdate):
        self.Name = Name
        self.esdate = esdate
```

```
firm1 = Firm("杭州达摩院", "2017-11-07")
firm2 = Firm("北京达摩院", "2017-11-20")
print(firm1.Name, firm2.esdate)
```

如果出现实例属性与类属性同名的情况，程序会优先调用实例属性。

通过 firm1 = Firm（“杭州达摩院”，“2017-11-07”），实例化一个对象 firm1，需要传递对应的实例属性，self 对应的是实例化对象自身，“达摩院_杭州”对应 Name，“2017-11-07”对应 esdate。可以实例化多个对象，不同的对象可以传递不同的实例化属性，不同对象的属性，相互独立，互不影响。

在类之外，如何定义实例化对象的属性？

在类的外部定义实例化对象的属性，首先需要有实例化对象，即该对象已经被实例化，之后可以直接通过实例化对象：

新属性=新属性内容

实现在类的外部定义或修改对象的属性。

```
#定义一个类
class Company():
    def __init__(self, Name, esdate):
        self.Name = Name
        self.esdate = esdate
company_1 = Company("杭州达摩院","2017-11-07")
company_1.city = "杭州"
print(company_1.Name, company_1.city)
```

（五）类的实例方法的定义与调用

方法可以表明类的作用和功能。

类的内部用 def 定义函数，第一个参数写上 self，这个函数就变为实例方法。self 同时表示创建的实例化对象。这里 investment 方法是实例方法，加上 self，实例对象即可共享该实例方法。

调用实例方法，与调用属性类似。

bank_1 = Bank（“建设银行”，“中石化”，“10 亿元”）传递了实例初始化需要的参数，之后就可以调用实例方法 bank_1. investment()，调用方法一定要加()。

```
class Bank():
    #实例属性
    def __init__(self, name, company, investmen):
        self.name = name
```

```
        self.company = company
        self.investmen = investmen

        #定义实例方法
    def investment(self):
        print(f"{self.name}投资了{self.company}{self.investmen}")

bank_1 = Bank("建设银行", "中石化", "10 亿元")
bank_1.investment()
```

（六）类方法

类方法，通过类名和实例对象都可以调用的方法，使用@ classmethod 来修饰方法。类方法不能使用实例属性，只能使用类属性。它主要使用在和类进行交互，但不和其实例进行交互的函数方法上。

没有实例化对象，直接通过类名、类方法实现调用类方法。定义类方法之前，必须在上一行加上@ classmethod，表明下面要定义的方法是类方法。方法中的括号内，第一个参数，需要写 cls（class 的缩写），表示把类作为参数传递给自己，这样就可以使用类属性了。调用类属性使用：cls. 类属性。

```
class Company():
    name = "新道科技"
    @ classmethod
    def callname(cls):
        print("公司名称是:" + cls.name)
Company.callname() #类名调用
c = Company()  #实例对象调用
c.callname()
```

当然类方法也是可以传递参数的，这一点和普通函数相同。来看看下面的例子。

```
class Company():
    name = "新道科技"

    @ classmethod
    def callname(cls,addr):
        print("公司名称是:" + cls.name)
        print("总部在:" + addr)
Company.callname("北京")
```

增加一个地点参数，将参数传递给类方法。同样地，不需要使用实例化，需要在类方法定义的时候，在括号中定义我们需要传入的参数。类方法中使用参数时，可以直接使用传入的参数，不用加 cls。最终在类外，调用类方法的时候，需要传递之前设置的参数。

三、修改和增加类属性

（一）从内部修改和增加类属性

在定义了类属性后，如果想修改或增加类属性，需要怎么做呢？这里介绍两种方法，一种是在类的内部进行，另一种是在类的外部进行。

从内部修改和增加类属性。在类下面定义了类属性之后，在类方法内，可以重新定义类属性，实现对类的属性的修改。

内部修改类属性

```
class Company():
    name = "用友"
    @ classmethod
    def callname(cls):
        cls.name = "新道科技"
        print(cls.name)
Company.callname()
```

内部增加类属性

```
class Company():
        name = "用友"
        @ classmethod
        def callname(cls):
            cls.name = "新道科技"
            cls.addr = "北京"
            print(cls.name, cls.addr)
    Company.callname()
```

（二）从外部修改和增加类属性

从外部修改和增加类属性。当从类内部修改不方便的情况下，我们可以在类的外部，对类属性进行修改。

外部修改类属性

```
class Company():
    name = "用友"
```

```
    @ classmethod
    def callname(cls):
        print(cls.name)
Company.callname()
Company.name = "新道科技"
Company.callname()
```

外部增加类属性

```
class Company():
    name = "用友"
    @ classmethod
    def callname(cls):
        print(cls.name)
Company.addr = "北京"
print(Company.addr)
```

四、类的继承

(一) 继承的含义

子类可以继承父类的属性和方法。

面向对象编程的思想，重要的一点是，代码可以复用。继承就体现了代码复用的概念。在某个类中已经实现的功能，想在另一个类中实现，我们就可以选择继承这一方法来快速实现，类中属性和方法得以复用。

通过下面的例子来了解继承。

```
class Fish(): #父类
    def __init__(self, name):
        self.name = name
    def skill(self):
        print(self.name + "会吐泡泡")
class Goldfish(Fish): #子类,继承了父类 Fish
    def __init__(self, name, color):
        Fish.__init__(self, name)
        self.color = color
    def skill_2(self):
        print(self.color + "的" + self.name + "会杂技")
```

```
g = Goldfish('小金', '白色')
print(g.name, g.color)
g.skill()
g.skill_2()
```

运行结果为：

```
小金白色
小金会吐泡泡
白色的小金会杂技
```

先定义了 Fish 类的实例属性和方法。在 Goldfish 类中的第一行括号里，写了 Fish，这里 Fish 就作为了 Goldfish 的基类，Goldfish 继承了 Fish 基类的非私有属性和方法。这里我们并没有定义私有属性，可以理解 Goldfish 类继承了 Fish 类的所有属性和方法。

Fish.__init__(self，name)，是继承 Fish 的实例属性，继承后，不用再逐一赋值。GoldFish 中并没有提及 Fish 类的实例方法 skill，但我们可以看到，通过实例化 Goldfish，可以直接使用 skill 方法。Goldfish 类继承了 Fish 类的 skill 方法。

（二）子类对父类方法的重写

在 Goldfish 子类中，重新定义了 skill 方法，对子类 skill 方法的调用，不再调用继承自父类的 skill 方法，而是调用在子类中修改后的内容，从而实现了子类对父类方法的重写。

```
class Fish(): #父类
    def __init__(self, name):
        self.name = name
    def skill(self):
        print(self.name + "会吐泡泡")

class Goldfish(Fish): #子类,继承了父类 Fish
    def __init__(self, name, color):
        Fish.__init__(self, name)
        self.color = color
    def skill(self):
        print(self.color + "的" + self.name + "会杂技")
g = Goldfish('小金', '白色')
print(g.name, g.color)
g.skill()
```

结果为：

```
小金白色
白色的小金会杂技
```

五、类的多态

（一）多态的含义

具备多种形态、多种功能。同一操作作用于不同的对象，产生不同的效果，就可以理解为多态。

在 Python 中，多态是不同的子类对象调用相同的父类方法，产生不同的执行结果。多态体现在继承和重写父类方法的基础上。具体来说，每个子类中的函数名相同，函数原型都是相同的，继承自父类，但子类的同名函数，可以拥有不同的形态。

```
class Company():
    def employee_count(self):
        print("公司目前有 xx 位员工")
class CompanyA(Company):
    def employee_count(self):
        print("A 公司目前有 500 位员工")
class CompanyB(Company):
    def employee_count(self):
        print("B 公司目前有 300 位员工")
class CompanyC(Company):
    def employee_count(self):
        print("C 公司目前有 200 位员工")
conpanya = CompanyA()
conpanyb = CompanyB()
conpanyc = CompanyC()
conpanya.employee_count()
conpanyb.employee_count()
conpanyc.employee_count()
```

结果为：

```
A 公司目前有 500 位员工
B 公司目前有 300 位员工
C 公司目前有 200 位员工
```

上例中，三个子类 CompanyA，CompanyB，CompanyC，均继承自 Company 基类，都拥有 employee_count( )方法，子类对父类的方法进行了重写。子类均调用 employee_count( )方法，但是输出的结果却不同，从而实现了多态。

（二）简化调用

如下面例子，定义一个专门执行 employee_ count （）函数的函数，实现简化调用。定义了很多功能性的类和函数，最终需要一个调用的接口，这个接口可以是一个类，一个函数，实现一连串逻辑功能。比如这里的 func （）函数，这是设计模式中工厂模式的思想。

```
class Company():
    def employee_count(self):
        print("公司目前有 xx 位员工")
class CompanyA(Company):
    def employee_count(self):
        print("A 公司目前有 500 位员工")
class CompanyB(Company):
    def employee_count(self):
        print("B 公司目前有 300 位员工")
class CompanyC(Company):
    def employee_count(self):
        print("C 公司目前有 200 位员工")

    #函数调用类中的 employee_count()方法
def func(obj):
    obj.employee_count()
conpanya = CompanyA()
conpanyb = CompanyB()
conpanyc = CompanyC()

func(conpanya)
func(conpanyb)
func(conpanyc)
```

结果为：

```
A 公司目前有 500 位员工
B 公司目前有 300 位员工
C 公司目前有 200 位员工
```

第五章 Python 异常处理

教学目的

使学生掌握 Python 异常处理的方法。

思政目标

通过对程序异常代码的处理，引导学生仔细观察、思索，从众多错误提示信息中寻找问题的根源并解决问题，提高学生独立解决问题的能力。

第一节 Python 的异常

一、异常的概述

先来看一段大家熟悉的程序。

```
print(a)
```

代码执行结果：

```
-----------------------------------------------------------------
NameError                              Traceback (most recent call last)
<ipython-input-5-bca0e2660b9f> in <module>()
----> 1 print(a)

NameError: name 'a'is not defined
```

直接打印未被定义的变量，会出现 NameError 的错误，程序停止运行。

程序中会出现各种各样的异常，在编写程序时，可以编写捕获异常的情况，让程序进行自我检查，自我修复。pass 语句能解决忽略逻辑的作用，但是如果想主动捕获异常，就要用到异常处理语句。先了解三个问题。

(一) 什么是异常

如上例，异常即是一个事件，该事件会在程序执行过程中发生，影响了程序的正常执行。一般情况下，在 Python 无法正常处理程序时就会发生一个异常。异常是 Python 对象，表示一个错误。当 Python 脚本发生异常时我们就需要捕获处理它，否则程序会终止执行。

(二) 为什么要主动捕获异常

程序在运行过程中，如果我们放任错误或异常不管，可能会引起程序崩溃、退出、卡死等问题。如果主动捕获这些可能出现的异常，就有机会在发生错误时，主动对程序做出必要的调整，使程序在可控范围内执行。

(三) 在什么地方捕获异常

就像我们在骑摩托车之前要佩戴头盔一样，这是事先做好的必要的防护措施。同理在代码中为了防止程序异常，一定要在编写代码时就考虑到哪些地方可能会出现异常，并在对应的代码块前后加入异常处理逻辑。做到异常可控，有路可退。程序并不是一蹴而就，经常会遇到各种各样的错误。需要不断改写、优化程序逻辑。所以并不是所有的错误都要异常捕获，某些问题我们或许换种方法就能完全正确理顺。存在不可控因素的地方，我们要谨慎捕获异常。

二、异常的表现

不同的程序出现不同的错误或者异常，它们的表现形式可能不同。比如电脑出现蓝屏，电脑中毒无法正常启动，游戏卡顿等，这些是我们看得见的异常。程序中也可能出现一些我们看不到的异常。这些看不到的异常，很可能在程序中用 PlanB 解决了，我们并没有感知到。不论异常或错误是什么样的，在编写程序的时候，需要尽可能考虑周全，让程序变得聪明起来，能够处理和应对各种各样的问题。

三、异常的分类

Python 中出现的错误或者异常，程序停止运行，Python 的解释器会告知我们出错的问题是什么，帮助我们快速找到异常点，快速修复程序。常见 Python 标准异常见表 5-1。

表 5-1　常见 Python 标准异常

异常名称	异常基类	异常名称	异常基类	异常名称	异常基类
BaseException	所有异常的基类	OverflowError	数值运算超出最大限制	ImportError	导入模块/对象失败
SystemExit	解释器请求退出	Indentat ionError	缩进错误	Warning	警告的基类

续表

异常名称	异常基类	异常名称	异常基类	异常名称	异常基类
KeyboardInter-rupt	用户中断执行(通常是输 Tabrror 入 ctrl+c)	Tab 和空格混用	IndexError	序列中没有此索引(index)	
Exeption	常规错误的基类	AttributeError	对象没有这个属性	KeyError	映射中没有这个键
StopIteration	迭代器没有更多的值	ValueError	传入无效的参数	MemoryError	内存溢出错误(对于 Python 解释器不是致命的)
GeneratorExit	生成器(generator)发生异常来通知退出	Envi romentEr-ror	操作系统错误的基类	NameError	未声明/初始化对象(没有属性)
StandardError	所有的内建标准异常的基类	IOError	输入/输出操作失败	ValueError	传入无效的参数
NotImplement-edError	尚未实现的方法	TypeError	对类型无效的操作	ReferenceError	弱引用(Weak refer-ence)试图访问已经垃圾回收了的对象
SyntaxError	Python 语法错误	UnicodeError	Unicode 相关的错误	Runt imeError	一般的运行时错误

比如之前在学习中遇到过的，字符串不能和数字类型进行相加运算。错误提示 TypeError，这就是错误或异常的类型之一，类型错误。

```
print("a" + 2)
```

代码执行结果：

```
---------------------------------------------------------------
TypeError                      Traceback (most recent call last)
<ipython-input-6-3d7d71526cee> in <module>()
----> 1 print("a" + 2)

TypeError: can only concatenate str (not "int") to str
```

Python 对异常和错误的提示有两点内容需要注意。

1. 箭头指向→代码行号及内容，可以快速定位错误的位置。

2. TypeError：后说明了错误的原因。我们可以根据错误的原因，确定问题，并修正程序。编写的程序上升到一定的规模，这样的错误分类提示，是非常有必要的，所以了解这些标准的错误类型，就可以快速定位问题所在了！如果并不是常见的错误类型，不清楚问题原因，可以向搜索引擎提问。

第二节　Python 异常的处理

一、异常的捕获

Python 提供了三个非常重要的功能来捕获 Python 程序在运行中出现的异常和错误。可以使用它们来调试 Python 程序。一个是 try... except...，一个是 raise，一个是断言 assert。下面我们来学习，异常处理 try... except... 语句的功能。

捕获异常可以使用 try/except 语句。try 语句可检测程序的错误，except 语句捕获异常信息并处理。

我们看一段伪代码，了解它是如何执行的。

```
try:
    <代码块>  # 运行尝试捕获异常的代码
except <名字>:
    <代码块>  # 如果在 try 捕获了异常,执行该部分的代码
```

执行一个 try 语句时，Python 解析器会在当前程序流的上下文中作标记。当出现异常时，程序流能够根据上下文的标记回到标记位，从而避免终止程序。

如果 try 语句执行时发生异常，程序流跳回标记位，并向下匹配执行第一个与该异常匹配的 except 语句，异常处理完后，程序流就通过整个 try 语句（除非在处理异常时又引发新的异常）。

如果没有找到与异常匹配的 except 语句（也可以不指定异常类型或指定同样异常类型 Exception，来捕获所有异常），异常被提交到上层的 try（若有 try 嵌套时），甚至会逐层向上提交异常给程序（逐层上升直到能找到匹配的 except 语句。实在没有找到时，将结束程序，并打印缺省的错误信息）。

如果在 try 语句执行时没有发生异常，Python 将控制流通过整个 try 语句。举一个简单的例子。

```
try:
    result="a">1
except Exception as e:
    print('出错了', e)
```

代码执行结果：

```
出错了'>'not supported between instances of 'str'and 'int'
```

例子中，程序 try 语句下代码块出现了异常，执行 except 下的代码块。这里没有指定捕获异常的类型，而是将不确定的错误类型用 Exception 接收，并用 e 来替代 Exception 所捕获的异常（可以捕获多种异常），之后正常输出 print（）语句，从而捕获到了我们想要的异常。

如果我们想按错误或异常的类型来捕捉异常，我们可以这样做：

```
try:
    num=0
    result=9/num
    print(result)
    except ZeroDivisionError:
    print('除以 0 错误')
```

代码执行结果：

```
除以 0 错误
```

确定异常的类型可以这样做。如果不确定，可以使用之前通用的方式。如果确定的异常类型没有捕获到，程序会异常退出的，并没有起到捕获异常的作用。

try... except... 捕获异常的结构还有以下几种。

1. try... except... else..

如果在 try 子句执行时没有发生异常，Python 将执行 else 语句后的语句（可选），然后控制流通过整个 try 语句。

```
try:
    1==1
except:
    print('process exception')
else:
    print('success')
```

结果为：

```
success
```

2. try... finally...

无论 try 语句块中是否触发异常，都会执行 finally 子句中的语句块，因此一般用于关闭文件或关闭因系统错误而无法正常释放的资源。比如文件关闭，释放锁，把数据库连接返还给连接池等。

```
try:
    print(1<2)
```

```
except:
    print('process exception')
else:
    print('success')
finally:
    print('finally'))
```

结果为：

```
True
success
finally
```

3. try... exept... finally...

try... exept... finally... 中 finally 的意义在于，我们在 try 代码块中执行了 return 语句，但是仍然会继续执行在 finally 中的代码块，所以我们一般用作处理资源的释放。

```
try:
    openFile=open('notExistsFile.txt','r')
    fileContent=openFile.readlines()
except IOError:
    print('file not Exists')
except:
    print('process exception')
finally:
    print('finally')
```

结果为：

```
file not Exists
finally
```

二、异常后的处理

学会了捕获异常的方法，能帮助我们获取异常的内容。捕获模块的功能结束后，程序退出。正常来说，我们捕获到了异常，但程序还要继续，程序还要有它自己的 PlanB、PlanC 等。程序异常了，很正常，但这并不是程序的结束。异常的处理，需要根据不同情况来确定不同的处理方式。当然，每位工程师都有自己的想法。

举一个例子，猜数字，输入错误，提示错误，但程序还要继续，直到输入正确，这样的功能，我们怎么实现呢？

程序中定义 guess_ num 函数实现猜数字的小游戏。用户输入猜数字的最大整数，如果用户输入错误，执行最外层的 except，结束游戏。如果输入正确，则开始游戏。

其中用到 while 1 来无限循环，直到猜对才结束游戏。即使捕获到异常，仍会进行循环。

直接退出或继续循环，异常后的处理还有很多处理方式。

这个程序中还有不完善，不友好的设计存在。大家可以尝试对这段程序进行改进。

```
import random
def guess_num():
    print("{:-^30}".format("猜数字游戏"))
    try:
        max=int(input("请输入猜数字游戏的最大整数:"))
        num=random.randint(0,max)
        while 1:
            try:
                n=int(input(f"请在 0—{max}中猜一个整数: "))
                if n==num:
                    print("{:-^30}".format("恭喜猜对了"))
                    break
                else:
                    print("接近了!")
            except:
                print("输入有误,请重新输入···")
    except:
        print("输入数字有误,请重新开始游戏。")

guess_num()
```

第六章
Python 文件操作

教学目的

通过教学，使学生能够使用 Python 对文件和目录进行操作，熟练操作读取存储数据文件。

思政目标

通过学习 Python 文件操作，帮助学生正确、合理地使用文件操作技术，关注技术对社会、经济和环境的影响，培养学生的社会责任感和道德意识。

第一节　Python 编码

问题 1：目前全世界有 7000 多种语言，文字也有数千种。计算机如何让数千种文字的信息都能存储在计算机中，作为信息传播的前提条件？

17 世纪法国著名数学家莱布尼兹首次提出二进制记数法的概念，仅用 0 和 1 两个符号。20 世纪计算机之父，冯・诺依曼大胆提出抛弃十进制，采用二进制作为数字计算机的数制基础。他提出的理论（冯诺依曼体系结构）一直沿用至今。

问题 2：计算机中存储、运行都使用二进制，那么文字是如何转换为二进制，存储在计算机中的呢？

计算机存储的信息是以 0 和 1 的二进制形式存储的，我们在屏幕上看到的文字、符号等字符是二进制数转换后的结果。通俗地说，按某种规则将字符存储在计算机中，如“A”用 0 和 1 表示，称之为编码；反之，将存储在计算机中的二进制数据解析显示成人们能看懂的字符，称为解码。计算机能表示出很多国家的文字和符号等，称这些为字符集。和字符集有对应关系的是字符的编码。一套字符编码规则能表示一部分自然语言的字符。随着技术进步，编码规则能表示的文字、符号越来越多了。计算机的编码从最开始的 ASCII，后来陆续发展出很多编码格式，GBK，GB2312，GB18030，Unicode，UTF-8 等。

GBK是微软推出的，它的字符集包含中文的生僻字、繁体字、日语、朝鲜语等。后来中国改进GBK，推出GB2312编码规则，包含了中国国家标准简体中文字符集，共收录6763个汉字和682个外国字符。为了让所有字符都能在屏幕上显示，Unicode联盟将全世界所有的文字都编写在一张表中，Unicode字符集诞生了，它被称为万国码。随后提升编码的性能，用更少的0和1表示字符，高性能的UTF-8编码规则出现了。

我们已经安装的Python3.x版本的默认编码是Unicode。当然也可以指定编码的规则，例如：UTF-8，GBK，GB2312等。Python的旧版本Python2.x版本的默认编码是ASCII。

补充：一个有趣的网站，https://graphemica.com/，可以在Search搜索栏，搜索不同的字符，看看它们的编码信息。

第二节 Python对文件和文件夹的操作

一、打开读取文件

Python内置函数open()可以实现打开文件，通过设置参数，实现对文件读写。打开并读取文件内容案例：

```
path='D:\\file\\给我一首歌的时间.txt'#文件完整路径
f=open(file=path,mode='r',encoding='utf-8')
con=f.read()
print(con)
```

结果为：

```
《给我一首歌的时间》

雨淋湿了天空
毁得很讲究
你说你不懂
我为何在这时牵手
我晒干了沉默
悔得很冲动
就算这是做错
也只是怕错过
……
```

上例中，Python 内置函数 open（）函数，用到的参数：

file：文件的路径，包含文件的路径和完整名称；

mode：打开的模式，'r' 表示读取；

encoding：编码方式（读取的过程其实是解码），utf-8 是一种编码规则。

Win10 系统 txt 文件的默认编码为 utf-8。我们创建 txt 文件，写入时系统进行编码，使用 utf-8 编码。使用 Python，编写代码读取该 txt 文件时，指定解码方式也应为 utf-8，即 encoding='utf-8'。编码解码规则应一致。

二、打开写入文件

给当前目录（文件夹）下的 one. txt 文本文件写入信息。代码如下：

```
#文件末尾追加内容,文件不存在则新建一个
f=open(file='.\\one.txt', mode='a')
con="今日小目标......"
f.write(con)
```

其中：file 是文件的路径信息，'.' 表示当前目录，'\' 表示目录层级，'.\\' 表示当前目录下（文件夹下）；mode='a+'，表示将内容追加写入已有文件末尾，文件不存在，新建后写入。write 方法，实现对打开的文件对象 f，进行写入操作，写入内容为变量 con 指向的内容。

三、关闭文件

读和写都需要使用 open 函数打开文件。读写之后，最好使用 close 函数将文件关闭。代码如下：

```
f=open(file='D:\\file\\one.txt', mode='w')
con="今日小目标........ "
f.write(con)
f.close()
```

其中：f 是文件操作对象，使用 close 函数，即可实现关闭。上例已经用 a+方式创建了新的 one. txt 文件，本例中 mode 是 w，表示覆盖写入。试试运行代码看看效果！mode 参数可以控制读写模式，很强大！

四、open 函数的 mode 参数

open 函数的 mode 参数不止包括 r、a+和 w，mode 参数的常见打开文件模式（部分），如表 6-1 所示。

表 6-1 mode 参数的常见打开文件模式

模式	含义	模式	含义
r	以只读方式打开文件。文件必须存在。默认模式	r+	打开一个文件用于读写
w	打开一个文件只用于写入。如果该文件已存在则打开文件，并从开头开始编辑，即原有内容会被删除。如果该文件不存在，创建新文件	W+	打开一个文件用于读写。如果该文件已存在则打开文件，并从开头开始编辑，即原有内容会被删除。如果该文件不存在，创建新文件
a	追加写入，如果文件存在则在末尾追加。文件不存在，新建后写入	a+	打开一个文件用于读写。如果该文件已存在，文件指针将会放在文件的结尾。文件打开时会是追加模式。如果该文件不存在，创建新文件用于读写

mode 参数另有未列出的模式：x，b，t，rb，rb+，wb，wb+，ab，ab+。

第三节 文件管理系统

windows、Linux、MacOS 系统，都有自己的文件系统。文件系统是操作系统用于明确存储设备（常见的是磁盘，也有基于 NAND Flash 的固态硬盘）或分区上的文件的方法和数据结构；即在存储设备上组织文件的方法。操作系统中负责管理和存储文件信息的软件机构称为文件管理系统，简称文件系统。

os 库是 Python 的标准库之一，它提供了使用各种操作系统功能的接口，其中就包含了很多操作文件夹和文件的函数，在写一些系统脚本或者自动化运维脚本的时候，经常会用到它。Python 中还有一些内置方法，可以实现对文件的操作。

一、获取文件位置

关于路径有两个概念，绝对路径与相对路径。

1. 绝对路径

文件或文件夹的完整路径，例如 Windows 系统中 QQ_Music 文件夹的完整路径，E:\commonsoftware\Tencent\QQ_Music；文件的绝对路径，如 E:\book\穷查理宝典 . pdf。

2. 相对路径

在某个文件夹下，它的子文件夹下的文件夹或文件，如果当前在 E：\ book \ 下，那么穷查理宝典 . pdf 的相对路径可以表示为 . \ 穷查理宝典 . pdf，“.”表示当前所在文件夹，文件的相对路径也同理。

拓展： Windows 系统的路径分隔符，显示为是\，Python 程序中使用\\分隔。
Linux 系统的路径分隔符，显示为/，Python 程序中也使用/分隔。

Python 如何获取路径信息？首先需要导入使用的库，我们使用 import 语句引入 Python 的 os 库，即 import os。这样我们就可以使用 os 库里的所有方法了。

1. 已知文件名，获取该文件的绝对路径

```
import os
os.path.abspath("one.txt")
```

代码执行结果为：

```
'C:\\Users\\sober\\one.txt'
```

2. 判断文件是否存在

```
import os
os.path.exists("one.txt")
```

代码执行结果为：

```
True
```

3. 在某个文件中编写，获取所在文件的绝对路径

```
# __file__指当前的文件,适用于.py 后缀的 Python 文件,在 Jupyter noterbook 使用会报错
os.path.abspath(__file__)
```

二、新建、重命名和删除文件夹

（一）文件夹和文件的新建

创建一个文件夹。os.mkdir（文件夹路径）。

创建多个文件夹。os.makedirs（文件夹路径）。

创建文件。可以使用 open()方法中，文件模式含有新建的方式创建新的文件。

```
import os
os.mkdir('D:\\file\\new')
```

先导入 os 库，再使用 os.mkdir()方法创建文件夹。

（二）文件夹和文件的重命名

文件夹和文件的重命名都可以使用同一个方法。

```
os.rename(src, dst)
```

其中 src 是要修改的文件夹名或文件名，dst 是修改后的文件夹名或文件名。该方法没

有返回值。可以用 if 条件判断语句判断是否重命名成功。

在两种情况下程序可能出现报错。如果 src 参数对应的文件夹或者文件不存在、dst 参数对应的文件夹或文件已经存在会报错。

例：将上例中建立的 new 文件夹，改名为 NEW。

```
import os
os.rename('D:\\file\\new', 'D:\\file\\NEW')
```

没有 src 源文件，程序将报错。

```
---------------------------------------------------------------------------
FileNotFoundError                         Traceback (most recent call last)
<ipython-input-13-807ca9b4fca6> in <module>()
----> 1 os.rename('D:\\file\\ew', 'D:\\file\\NEW')

FileNotFoundError: [WinError 2]系统找不到指定的文件。: 'D:\\file\\ew'->
'D:\\file\\NEW'
```

（三）文件夹和文件的删除

删除文件夹。os. rmdir（文件夹路径）。

删除空文件夹。os. removedirs（文件夹路径）。

删除文件。os. remove（文件路径）。

案例：删除文件夹操作。

```
import os
os.rmdir('D:\\file\\new')
```

第七章 Python 的模块、包和库

教学目的

通过学习，让学生掌握 Python 的模块、包和库的定义和使用。

思政目标

通过学习 Python 的模块、包和库，帮助学生正确、合理地使用 Python。

第一节　Python 的模块

一、什么是 Python 的模块

可运行的 Python 文件是以 . py 为后缀的。一个 . py 后缀的文件，就可以称为一个模块。模块中包含定义的类、函数、表达式、语句等内容。它能够实现某个功能。模块（module）可以被别的程序引入，以使用该模块中的函数等功能。每个模块在 Python 里都被看作一个独立的文件。

模块能让我们更有逻辑地组织 Python 代码段。把相关的代码分配到一个模块里能让我们的代码更好用，更易懂。模块能定义函数、类和变量，模块里也能包含可执行的代码。一个模块编写完毕之后，其他模块直接调用，不用再从零开始写代码了，节约了工作时间。使用模块也可以避免函数名称和变量名称重复。在不同的模块中可以存在相同名字的函数名和变量名。

二、如何导入 Python 的模块

我们写好模块之后通过导入的方法。导入某个模块可以理解为获取了该模块的使用权。举例：在 A. py（实现 A 功能）中导入 B. py（实现 B 功能）来进行使用，导入后就能在 A 中实现 A 功能的同时借用 B. py 实现 B 功能。

（一）导入方式

模块在创建好了之后，模块里面定义了一些函数或者类，我们就可以在其他文件中去调用它。可以使用 import 的方式进行导入模块，引入一个完整的模块，其代码格式为：

```
import 模块      #导入模块
```

当需要使用到模块中的函数方法时，则需要加上模块的限定名字，也就是函数名。使用 import 导入模块后，调用其中的类、函数、变量，使用如下方式。

```
关键字模块名称 . 函数名(类名,变量名)
```

例如，我们需要使用 time 这个模块里的 time 函数时，我们需要先导入 time 这个模块，然后再在程序中去使用 time 模块里的 time 函数。

```
import time      #导入模块
print(time.time())      #调用 time 模块中的 time 函数
```

注：同一个模块不管你执行了多少次 import，只会被导入一次，以防止模块一遍又一遍地被执行。import 应该被放在代码的顶端。

（二）精确导入

模块可以通过精确导入的方式进行使用。在导入时直接指定导入模块中的某一个函数或多个函数，导入的代码格式为：

```
from 模块名 import 函数      #等同于是引入模块中的一个或多个指定部分
```

import 和 from... import 的作用都是引入一个模块，它们的区别在于：import 是引入一个完整的模块，from... import 是引入模块中的一个或多个指定部分。import 引入模块后，如果需要使用模块里的函数方法，则需要加上模块的限定名字。from... import 则不用加模块的限定名字，可直接使用其函数。就上述例子，使用 from... import... 方式的代码为：

```
from time import time      #导入 time 模块中的 time 函数
print(time())      #输出 time 函数的结果
```

（三）模糊导入

导入方式中还有一种方式，就是模糊导入。这种方式在导入时会直接一次性把一个模块里的所有函数、变量都导入进来，其格式为：

```
from 模块名 import *      #引入模块中的所有函数、变量
```

这里的 * 表示导入全部。需要注意在导入过程中，尽量避免使用 * 。由于导入模块中的函数名可能与当前的函数名相同，导致函数被覆盖或冲突。

导入时可以使用 import ... as 给导入的模块定义别名，以后用到该模块的时候都用别名代替，比如我们经常在导入 pandas 时这样导入：

```
import pandas as pd   #使用 pd 来简化 pandas 的模块名
```

三、如何使用模块

（一）模块的创建

创建一个简单的模块，需要先建立一个文件夹 use_module，然后在文件夹下建立两个 . py 文件，分别为 my_module. py 和 run. py。文件结构如下所示：

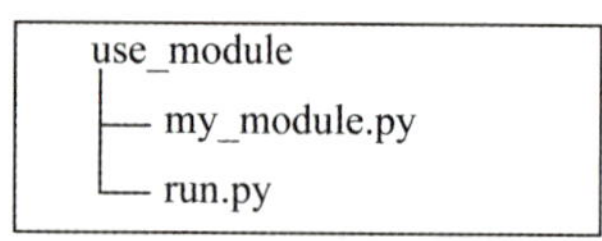

其中 my_module. py 是自定义的模块，内容如下：

```
# - * - coding:utf-8 - * -
def model():      #建立一个函数
    print("this is my_model")    #打印
```

run. py 的作用是调用 my_ module. py，所以需要在 run. py 中导入 my_ module. py 模块，内容如下：

```
# - * - coding:utf-8 - * -
from my_model import model    #导入 my_model 模块中的 model 函数
model()    #调用(运行)model 函数
```

运行结果为：

```
0.edt0
```

导入语句用 from 模块名 import 函数名。这里需要注意，我们定义的模块与使用该模块的文件在同一级文件夹下，即都在 use_ module 下，所以可以直接写模块名。如果不在同一级文件夹下，这里不能直接写模块名，需要根据模块位置来写。不在同级文件夹，可分两种情况，分别是需调用模块在运行文件的同级子文件夹下和需调用模块在运行文件的父级文件夹同级。

（二）需调用模块在运行文件的同级子文件夹下

我们建立如下图结构的文件夹。use_module 文件夹下有 com 文件夹和 run. py，com 文件夹下有 my_module. py。my_module. py 模块在 run. py 的同级子文件夹下。文件内容与之前一致。那么我们在 run. py 中导入 my_module. py 中的 model( ) 函数，要怎么导入模块？

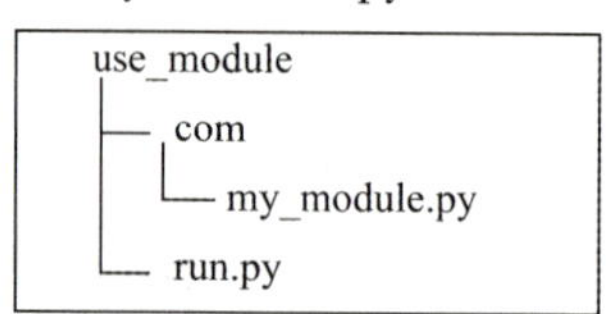

在 run. py 中导入 my_module. py 中的 model( ) 函数，需要在导入的时候加上模块的父级文件夹名，这样才能导入 my_module. py 这个模块，导入代码为：

```
#从 com 文件夹里把 my_module.py 里的 model 函数导入
from com.my_module import model
```

（三）需调用模块在运行文件的父级文件夹同级

我们建立如下图结构的文件夹，use_module 文件夹下有 com 文件夹和 my_module. py，com 文件夹下有 run. py。my_module. py 模块与 run. py 的父级文件夹同级。文件内容与之前一致。在 run. py 中导入 my_module. py 中的 model( ) 函数，要怎么导入模块？

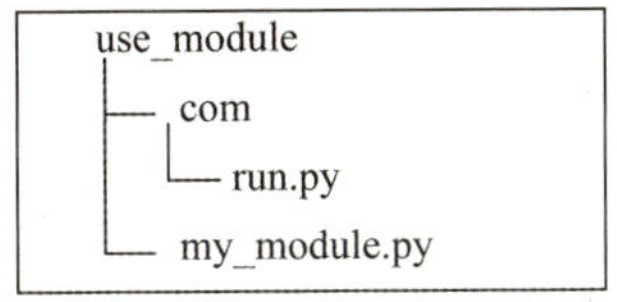

在 run. py 中导入 my_module. py 中的 model( ) 函数，需要在导入的时候加上模块的父级文件夹名，这样才能导入 my_module. py 这个模块，导入代码为：

```
from use_module.my_module import model
```

这里“.”表示文件路径的当前路径。具体位置需要具体分析。如果这里导入失败，可以使用 sys. path. append( ) 方法，添加模块所在文件夹的绝对路径。

第二节　Python 的包

一、概述

Python 的包（package）是在模块之上的概念。项目中的模块多了之后，众多功能相似的模块可以使用包组成新的组织结构，方便维护和使用。

Python 的模块是 . py 文件，包是文件夹。通常文件夹中包含名为__init__. py，则 Python 解释器就将该文件夹识别为一个包。其中的模块文件（. py 后缀）属于包的模块。

特殊的__init__. py 文件，可以为空，也可以有属于包的代码。当导入或调用包中的模块时，执行__init__. py 文件。

包可以包含子包，没有层级限制。需要注意避免名称的冲突。

Python 的包为什么需要__init__. py 文件呢？我们来看看它的作用有哪些。

1. Python 中包（package）的标志，不能删除（包其实是一个文件夹），为了和普通文件夹做区别，使用了__init__. py。

2. 当我们需要导入包中模块的时候，实际上是导入了__init__. py 文件。可以一次性全部导入，而不需要将模块一个一个地导入，更不需要找层级关系。

3. 编写 Python 代码。因为导入包时候，__init__. py 也会一起导入，所以可以在__init__. py 文件中写初始设置。

案例：Python 的一个自定义包，用结构图可表示为：

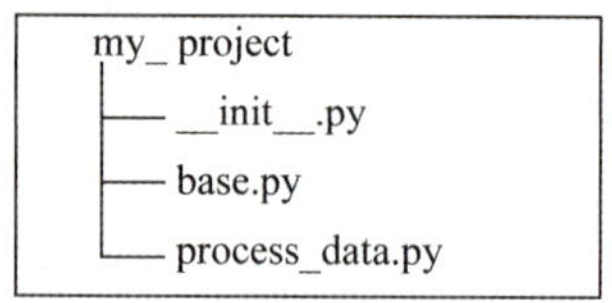

my_project 是包（package）的名字，或新建项目的名字，它是一个文件夹。

该文件夹下，包含__init__. py、base. py、process_data. py 等文件或文件夹。

二、如何导入 Python 的包

导入包，一般是在编写一个包的模块时，需要用到其他包中模块的方法。导入的方法是：

```
from 包名 . 模块名 import 函数名
from 包名 . 模块名 import 类名
from 包名 . 模块名 import 类名 . 函数名
```

如果是直接导入函数名，该函数 def 必须写在最左侧，没有缩进，不在类里面。当然，也可以只导入包 import 包名，但是在使用的时候，需要使用：

```
包名 . 模块名 . 函数名 ()
包名 . 模块名 . 类名 . 函数名 ()
```

导入包如果是自定义的，需要根据路径来写、具体写法与导入模块类似。注意也可能用到 . . ，比如：

```
from .. 包名 . 模块名
```

三、如何使用 Python 的包

前面学会了导入模块，导入自己定义的包，那么导入包和导入模块一样吗？答案是非常像。我们先建立如下图结构的文件和文件夹。

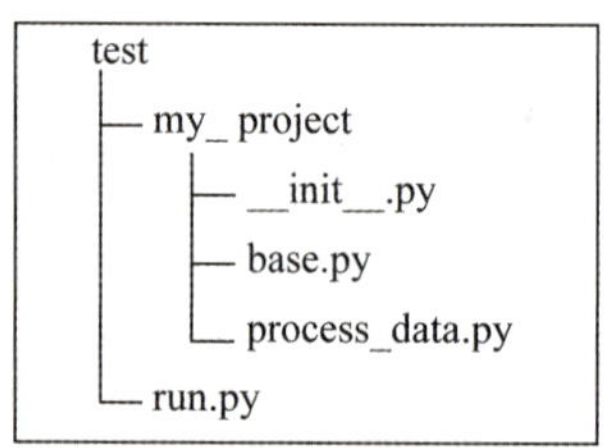

其中__init__. py 文件不写内容，base. py 的内容为：

```
def display(aon):
    print(aon)
```

process_ data. py 文件的内容为：

```
class Process():
    @ classmethod
    def print_data(cls):
        print("This is data from process_data")
        return "OK"
```

run. py 文件的内容为：

```
from my_project.base import display
from my_project.process_data import Process
display("This is base module")
print("------")
print(Process.print_data())
#调用并打印返回值
```

当运行 run. py 时，运行结果为：

```
This is base module
------
This is data from process_data
OK
```

第三节 Python 的库

一、概述

库是由具有相关功能，数量不定的模块、包构成。库是一个完整品。开源后，所有人都可以使用，这也是 Python 的一大特色，即具有强大的标准库、第三方库以及自定义模块。标准库是 Python 官方撰写，第三方库是个人或组织开发的，任何人都可以发布自己的开源库。

库、包、模块的引用顺序：官方库模块>第三方库模块>自定义库模块。

二、如何导入 Python 的库

导入库，也是在编写模块时，需要用到其他库中的方法。导入的方法是：

```
import 库名
import 库名 as 自定义简称
from 库名 . 模块名 import 函数名
from 库名 . 模块名 import 类名
from 库名 . 模块名 import 类名 . 函数名
```

三、如何使用 Python 的库

导入库和导入自定义的包非常类似，区别是包是自己定义的，库是其他开发者发布并开源的，可以在已经安装的情况下，自由导入和使用，不受文件夹父级、子级的影响，在任何位置都可以导入开源的库和 Python 的标准库或模块。标准库不用再进行安装，第三方库根据实际情况，下载安装后可使用。

（一）标准库

尝试一个简单的案例，Python 的标准库 os 如何导入并使用？

```
import os
print(os.path.abspath(__file__))
```

在任意名称的 . py 文件里输入上述代码，功能是打印出当前文件的绝对路径。运行程序，正常打印结果。说明成功调用了 Python 的标准库。标准库是 Python 安装好就自带的，不需要额外安装。不同 Python 版本的标准库略有不同。Python 自身随着版本更新，功能也在不断优化。

例一：使用 random 库，生成随机数

```
import random
n = random.random()   # random 方法,随机生成 0-1 的浮点数
print(n)
n1 = random.uniform(1,10)   # uniform 方法,随机生成指定范围的浮点数
print(n1)
n2 = random.randint(1,10)   # randint 方法,随机生成指定范围的整数
print(n2)
```

运行结果为：

```
0.495799672183332
3.9760559990941466
5
```

例二：使用 re 库，提取字符串中的数字、年份时间

```
import re
con='成本50元'
s=re.search('\d{1,}',con).group()#search方法,返回第一次匹配成功的结果
print(s)#结果为50
con2='时间是2077年7月7日'
t=re.search('\d{1,}年\d{1,}月\d{1,}日',con2).group()
print(t)
```

运行结果为：

```
50
2077年7月7日
```

例三：使用 time 库，获取不同形式的时间

```
import time
time1=time.time()#time方法,返回当前时间戳
print(time1)
time2=time.asctime()#asctime方法,返回24个字符的时间格式
print(time2)
time3=time.localtime()#格式化时间戳为本地的时间
print(time3)
time4=time.strftime('%Y-%m-%d %H:%M:%S',time.localtime())#str-
ftime方法支持时间格式转换
print(time4)'
```

运行结果为：

```
1676796791.0005708
Sun Feb 19 16:53:11 2023
time.struct_time(tm_year=2023, tm_mon=2, tm_mday=19, tm_hour=16, tm
_min=53, tm_sec=11, tm_wday=6, tm_yday=50, tm_isdst=0)
2023-02-19 16:53:11
```

（二）第三方库

在 Python 语言的库中，分为 Python 标准库和 Python 的第三方库。Python 的标准库是随着 Python 安装的时候默认自带的库，Python 的第三方库，需要下载后安装到 Python 的安装目录下。不同的第三方库安装及使用方法不同。它们调用方式是一样的，都需要用 import 语句调用。

第三方库的安装。如果是 Windows10 系统，已经安装了 Anaconda，那么在安装新的第三方库时，可以使用如下方法。

1. 点击开始菜单，单击 Anaconda 下的 Anaconda Prompt，如下图箭头所指。

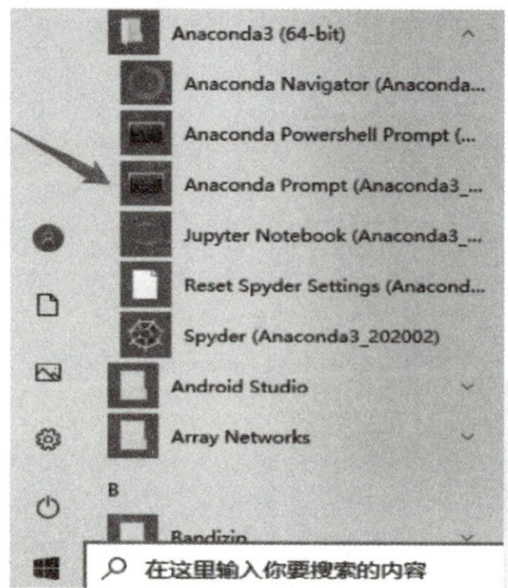

2. Prompt 之后，会弹出一个对话框，可以输入命令。

3. 在对话窗口里输入 pip install XXX，XXX 为我们需要安装的第三方库名称，例如安装 request。在命令行中输入：pip install requests，结果如下图。因已安装过，所以出现 Requirement already satisfied。若未安装，将自动下载、安装，成功后会出现 Successfully 的提示信息。

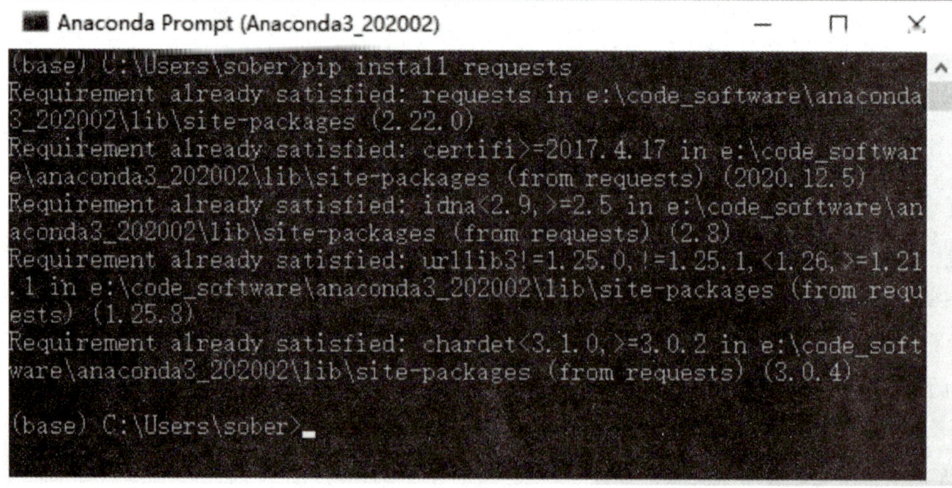

4. 如果我们想查看已经安装了哪些库，可以在这个黑窗口中输入命令：piplist，就可以看到 Anaconda 中的 Python 已经帮我们安装过的库，见下图。

```
管理员: Anaconda Prompt (anaconda3)

(base) C:\Users\law>pip list
Package                              Version
------------------------------------ ----------------
alabaster                            0.7.12
anaconda-client                      1.7.2
anaconda-navigator                   2.0.3
anaconda-project                     0.9.1
anyio                                2.2.0
appdirs                              1.4.4
argh                                 0.26.2
argon2-cffi                          20.1.0
asn1crypto                           1.4.0
astroid                              2.5
astropy                              4.2.1
async-generator                      1.10
atomicwrites                         1.4.0
attrs                                20.3.0
autopep8                             1.5.6
Babel                                2.9.0
backcall                             0.2.0
backports.functools-lru-cache        1.6.4
backports.shutil-get-terminal-size   1.0.0
backports.tempfile                   1.0
backports.weakref                    1.0.post1
```

注意：导入的这些库，实际上都是 . py 文件的名称。可在 pycharm 或 VS Code 等编译器里，通过按住 ctrl，同时左键单击库名，即可跳转到源码文件。

可以通过查看源码，了解任意的标准库、第三方库都有哪些用法。

四、Python 的常用库

（一）网络爬虫

1. urllib：urllib 是 Python 自带的标准库，无需安装，直接可以用。它提供了多种功能，包括网页请求、响应获取、代理和 cookie 设置、异常处理、URL 解析、爬虫所需要的功能。

2. requests：基于 urllib，号称“为人类准备的 HTTP 库”。

3. selenium：自动化测试工具。一个调用浏览器的 driver，通过这个库，可以直接调用浏览器完成某些操作，比如输入账号、密码登录。

4. aiohttp：基于 asyncio 实现的 HTTP 框架。异步操作借助于 async/await 关键字，使用异步库进行数据抓取，可以大大提高效率。

5. scrapy：强大的爬虫框架，用于抓取网站并从其页面中提取结构化数据。可用于从数据挖掘到监控和自动化测试的各种用途。

6. lxml：lxml 是 Python 的一个解析库，这个库支持 HTM 和 xml 的解析，支持 XPath 的解析方式。

7. pymysql 实现的 MySQL 客户端操作库。

（二）办公自动化

1. win32com：有关 Windows 系统操作、Office（Word、Excel 等）文件读写等的综合应用库。

2. smtplib：发送电子邮件。

3. pdfminer：可以从 PDF 文档中提取各头信息的第三方库。

4. PyPDF2：能够分割、合并和转换 PDF 页面的库。

5. openpyxl：处理 Microsoft Excel 文档的 Python 第三方库，它支持读写 Excel 的 xls、xlsx、xlsm、x1tx、xltm。

6. python-docx：一个处理 Microsoft Word 文档的 Python 第三方库，它支持读取、查询以及修改 doc、docx 等格式文件，并能够对 Word 常见样式进行编程设置。

7. selenium：一个调用浏览器的 driver，通过这个库可以直接调用浏览器完成某些操作，常用来进行浏览器的自动化工作。

（三）数据可视化

1. Matplotlib：一个绘图库，可以生成各种可用于出版品质的硬拷贝格式和跨平台交互式环境数据。

Matplotlib：可用于 Python 脚本，Python 和 IPython shell（例如 MATLAB 或 Mathematica），Web 应用程序服务器和各种图形用户界面工具包。

2. numpy Python：进行科学计算所需的基础包。用来存储和处理大型矩阵，如矩阵运算、矢量处理、N 维数据变换等。

3. pyecharts：用于生成 Echarts 图表的类库。

4. pandas：一个强大的分析结构化数据的工具集，基于 numpy 扩展而来，提供了一批标准的数据模型和大量便捷处理数据的函数和方法。

5. scipy：基于 Python 的 matlab 实现，旨在实现 matlab 的所有功能，在 numpy 库的基础上增加了众多的数学、科学以及工程计算中常用的库函数。

6. plotly：提供的图形库可以进行在线 WEB 交互，并提供具有出版品质的图形，支持线图、散点图、区域图、热图、子图、多轴、极坐标图、气泡图、玫瑰图、热力图、漏斗图等众多图形。

（四）自然语言处理

1. NLTK：一个自然语言处理的第三方库，NLP 领域中常用，可建立词袋模型（单词计数），支持词频分析（单词出现次数）、模式识别、关联分析、情感分析（词频分析+度量指标）、可视化（matploylib 做分析图）等。

2. pattern Python：的网络挖掘模块。它有自然语言处理、机器学习以及其它方向的工具。

3. textblob：为深入自然语言处理任务提供了一致的 API。是基于 NLTK 以及 Pattern 的巨人之肩上发展的。

4. Jieba：中文分词工具。

5. snownlp：中文文本处理库。

6. loso：中文分词库。

7. genius：基于条件随机域的中文分词。

8. langid：独立的语言识别系统。

9. pypln：用 Python 编写的分布式自然语言处理通道。

（五）机器学习

1. TensorFlow：谷歌的第二代机器学习系统，是一个使用数据流图进行数值计算的开源软件库。

2. Keras：是一个高级神经网络 API，用 Python 编写，能够在 TensorFlow，CNTK 或 Theano 之上运行。它旨在实现快速实验，能够以最小的延迟把想法变成结果，这是进行研究的关键。

3. Caffe：一个深度学习框架，主要用于计算机视觉，它对图像识别的分类具有很好的应用效果。

4. theano：深度学习库。它与 Numpy 紧密集成，支持 GPU 计算、单元测试和自我验证，为执行深度学习中大规模神经网络算法的运算而设计，擅长处理多维数组。

5. Scikit-learn：简单且高效的数据挖掘和数据分析工具，它基于 NumPy、SciPy 和 matplotib 构建。

6. Scikit-leamn：其基本功能主要包括 6 个部分：分类、回归、聚类、数据降维、模型选择和数据预处理。Scikit-leam 也被称为 sklearn。

（六）网站开发

1. Django：一个开放源代码的 Web 应用框架，由 Python 写成。是 Python 生态中最流行的开源 Web 应用框架，Django 采用模型、模板和视图的编写模式，称为 MTV 模式。

2. Pyramid：是一个通用、开源的 Python Web 应用程序开发框架。它主要的目的是让 Python 开发者更简单地创建 Web 应用，相比 Django，Pyramid 是一个相对小巧、快速、灵活的开源 Python Web 框架。

3. Tornado：一种 Web 服务器软件的开源版本。Tornado 和现在的主流 Web 服务器框架（包括大多数 Pvthon 的框架）有着明显的区别：它是异步非阻塞服务器，而且速度相当快。

4. Flask：是轻量级 Web 应用框架，相比 Django 和 Pyramid，它也被称为微框架。使用 Flask 开发 Web 应用十分方便，甚至几行代码即可建立一个小型网站。Flask 核心十分简单，并不直接包含诸如数据库访问等的抽象访问层，而是通过扩展模块形式来支持。

5. Angularjs：客户端的 JavaScript MVC 开源框架，特别为使用 MVC 架构模式的单页面 Web 应用而设计，可用于开发动态 Web 应用程序。它不是一个完整的堆栈，而是一个处理 Web 页面的前端框架。与 React、Vue 并称为前端三大框架。

第八章 数据分析的常用库

教学目的

通过学习，使学生能够应用 NumPy、Pandas、Matplotlib 库完成数据处理、分析及可视化工作。

思政目标

通过学习常用的 Python 数据分析库，让学生能够熟练使用，提高学生独立解决问题的能力，构建大数据思维，培养大数据分析与可视化能力，了解我国行业发展情况，建立文化自信。

第一节 NumPy 库

一、NumPy 库的简介

NumPy 是一个功能强大的 Python 库，主要用于对多维数组执行计算。NumPy 这个词来源于两个单词-- Numerical 和 Python。NumPy 提供了大量的库函数和操作，可以帮助程序员轻松地进行数值计算。在数据分析和机器学习领域被广泛使用。有以下几个特点。

1. Numpy 内置了并行运算功能，当系统有多个核心时，做某种计算时，Numpy 会自动做并行计算。

2. Numpy 底层使用 C 语言编写，内部解除了 GIL（全局解释器锁），其对数组的操作速度不受 Python 解释器的限制，效率远高于纯 Python 代码。

3. 有一个强大的 N 维数组对象 Array（一种类似于列表的东西）。

4. 实用的线性代数、傅里叶变换和随机数生成函数。

总而言之，Numpy 是一个非常高效的用于处理数值型运算的包。

二、NumPy 库的常用操作

（一）创建数组

我们可以通过传递一个 Python 列表并使用 np. array( ) 来创建 NumPy 数组（极大可能是多维数组）。Python 创建的数组如图 8-1 所示：

图 8-1 Python 创建的数组

通常我们希望 NumPy 能初始化数组的值。为此 NumPy 提供了 ones( )、zeros( ) 和 random. random( ) 等方法。我们只需传递希望 NumPy 生成的元素数量即可（图 8-2）。

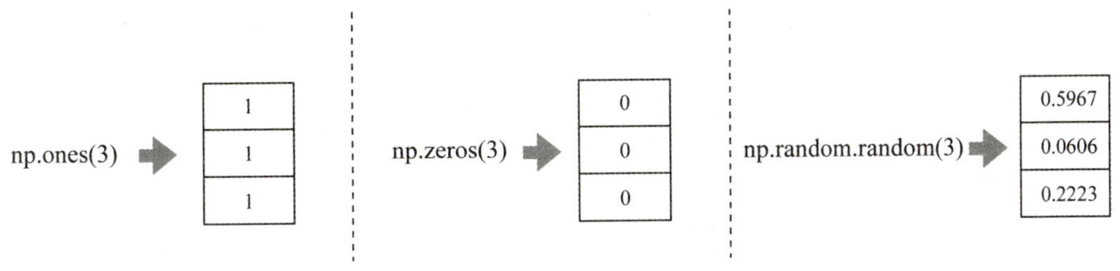

图 8-2 NumPy 初始化数组值

一旦创建了数组，我们就可以尽情对它们进行操作。

（二）数组运算

让我们创建两个 NumPy 数组来展示数组运算功能。我们将图 8-3 两个数组称为 data 和 ones：

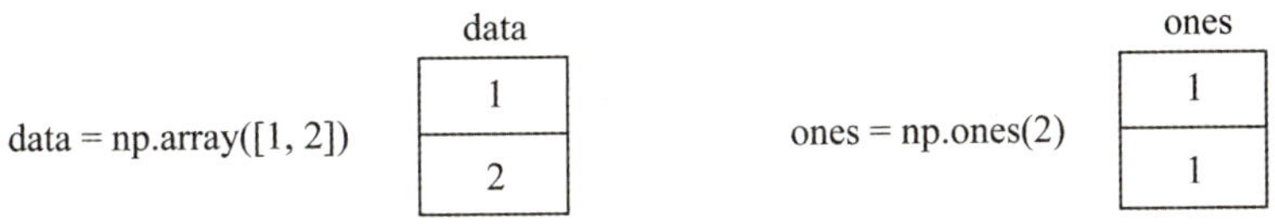

data = np.array([1, 2])　data: 1, 2

ones = np.ones(2)　ones: 1, 1

图 8-3 data 数组和 ones 数组

将它们按位置相加（即每行对应相加），直接输入 data + ones 即可（图 8-4）。

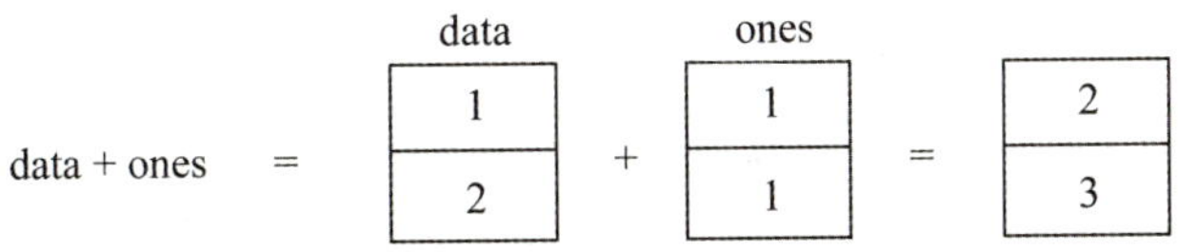

data + ones = data [1, 2] + ones [1, 1] = [2, 3]

图 8-4 数组加法运算

当我开始学习这些工具时，我发现这样的抽象让我不必在循环中编写类似计算。此类抽象可以使我在更高层面上思考问题。

除了「加」，我们还可以进行如下操作（图 8-5）。

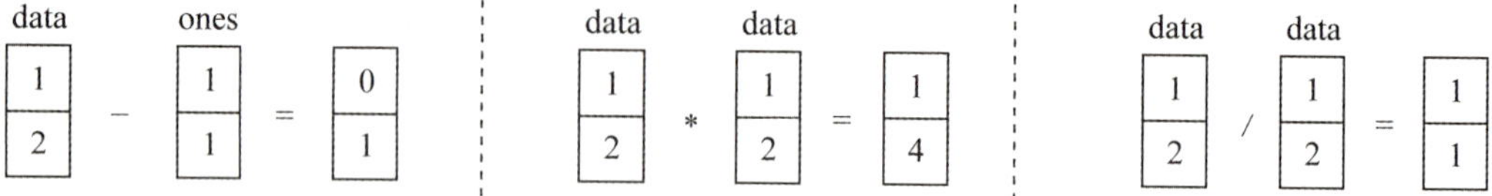

图 8-5　数组其他运算符运算

通常情况下，我们希望数组和单个数字之间也可以进行运算操作（即向量和标量之间的运算）。比如说，数组表示以英里为单位的距离，我们希望将其单位转换为千米。只需输入 data＊1.6 即可（图 8-6）。

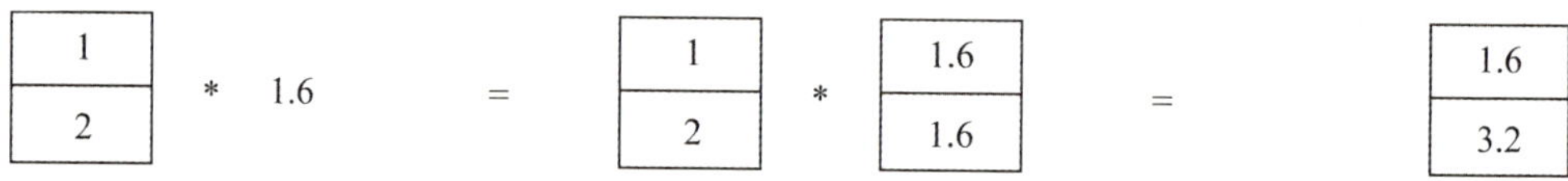

图 8-6　数组和数字运算

看到 NumPy 是如何理解这个运算的了吗？这个概念叫作广播机制（broadcasting）。

（三）索引

我们可以像对 Python 列表进行切片一样，对 numpy 数组进行任意的索引和切片（图 8-7）。

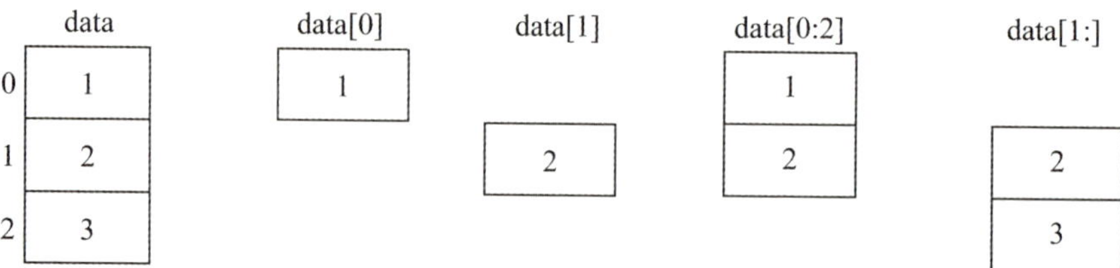

图 8-7　数组索引方法

（四）聚合

NumPy 还提供聚合功能（图 8-8）。

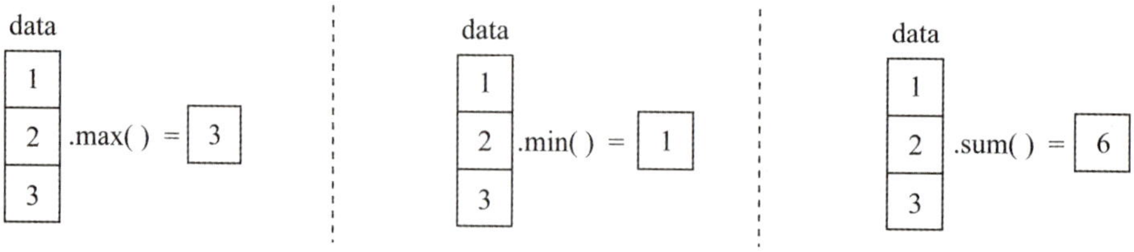

data
1
2
3
.max( ) = 3

data
1
2
3
.min( ) = 1

data
1
2
3
.sum( ) = 6

图 8-8　数组聚合功能

除了 min、max 和 sum 之外，还可以使用 mean 得到平均值，使用 prod 得到所有元素的乘积，使用 std 得到标准差，等等。

（五）矩阵运算

如果两个矩阵大小相同，我们可以使用算术运算符（+- */）对矩阵进行加和乘。NumPy 将它们视为 position-wise 运算（图 8-9）。

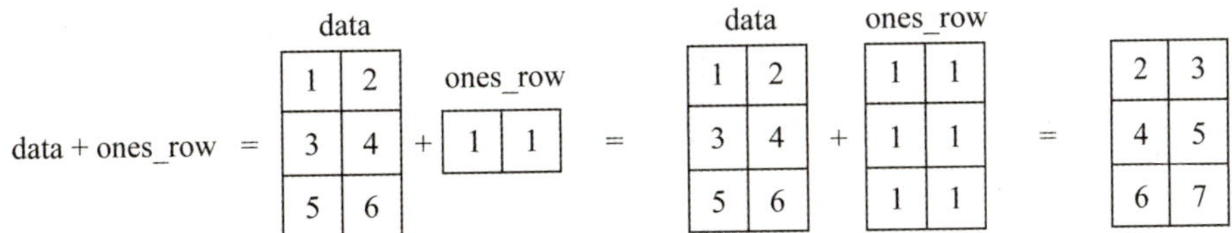

图 8-9 矩阵算术运算

我们也可以对不同大小的两个矩阵执行此类算术运算，但前提是某一个维度为 1（如矩阵只有一列或一行），在这种情况下，NumPy 使用广播规则执行算术运算。

（六）点乘

算术运算和矩阵运算的一个关键区别是矩阵乘法使用点乘。NumPy 为每个矩阵赋予 dot( ) 方法，我们可以用它与其他矩阵执行点乘操作（图 8-10）。

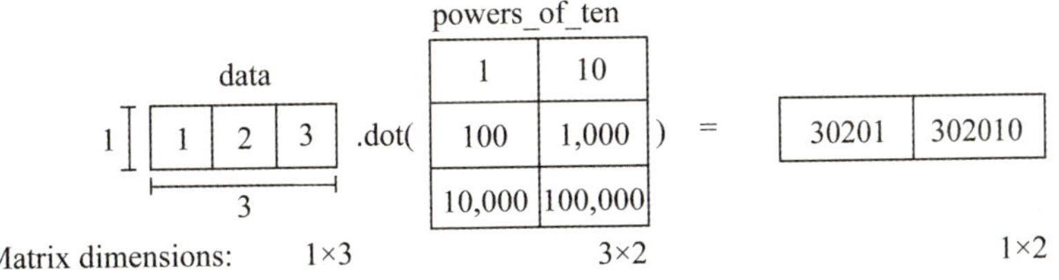

图 8-10 矩阵点乘运算

我在图 8-10 的右下角添加了矩阵维数，来强调这两个矩阵的邻近边必须有相同的维数。你可以把上述运算视为（图 8-11）：

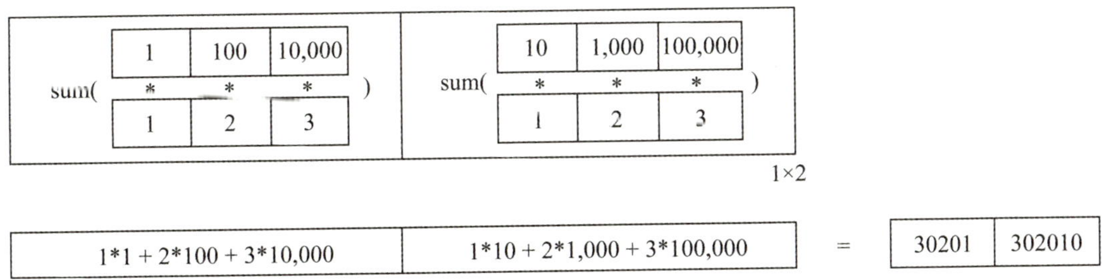

图 8-11 矩阵点乘运算

（七）矩阵索引

当我们处理矩阵时，索引和切片操作变得更加有用（图 8-12）。

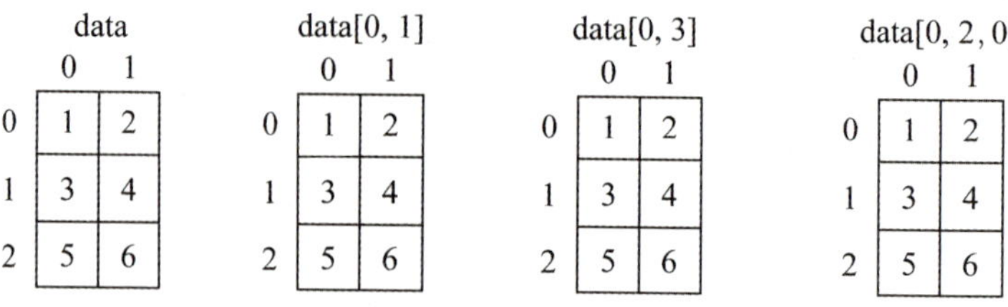

图 8-12　矩阵索引方法

（八）矩阵聚合

我们可以像聚合向量一样聚合矩阵（图 8-13）。

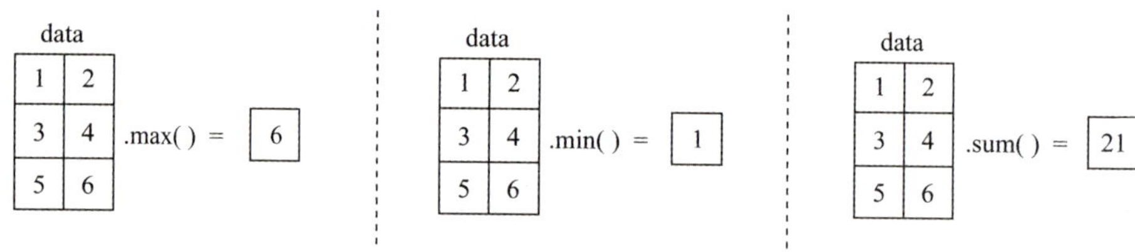

图 8-13　矩阵聚合

我们不仅可以聚合矩阵中的所有值，还可以使用 axis 参数执行跨行或跨列聚合（图 8-14）。

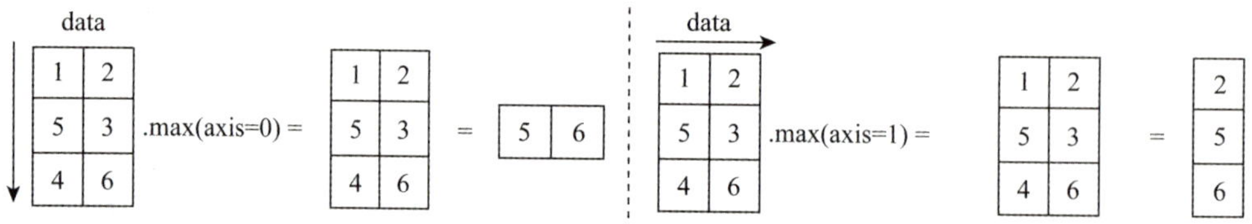

图 8-14　矩阵跨行和跨列聚合

（九）转置与重塑

处理矩阵时的一个常见需求是旋转矩阵。当需要对两个矩阵执行点乘运算并对齐它们共享的维度时，通常需要进行转置。NumPy 数组有一个方便的方法 T 来求得矩阵转置（图 8-15）。

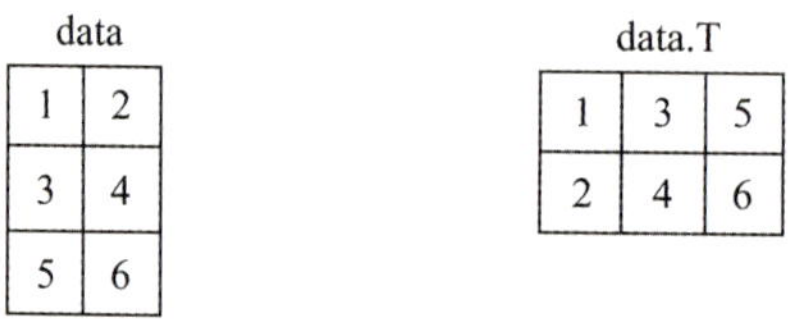

data

1	2
3	4
5	6

data.T

1	3	5
2	4	6

图 8-15　矩阵转置

在更高级的实例中，你可能需要变换特定矩阵的维度。在机器学习应用中，经常会这样：某个模型对输入形状的要求与你的数据集不同。在这些情况下，NumPy 的 reshape( ) 方法就可以发挥作用了。只需将矩阵所需的新维度赋值给它即可。可以为维度赋值-1，NumPy 可以根据你的矩阵推断出正确的维度（图 8-16）。

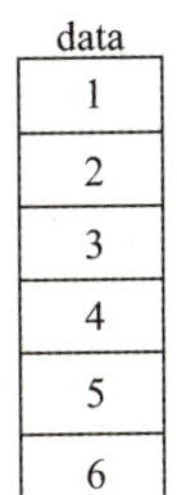

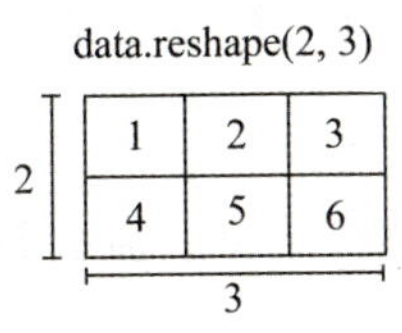

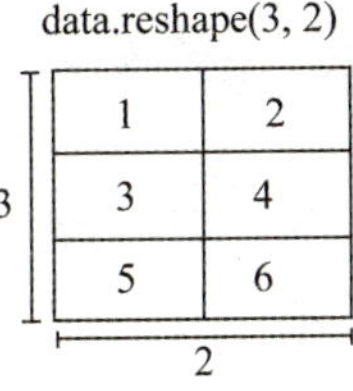

图 8-16 矩阵维度变换

（十）多维度

NumPy 可以在任意维度实现上述提到的所有内容（图 8-17）。其中心数据结构被叫作 ndarray（N 维数组）不是没道理的。

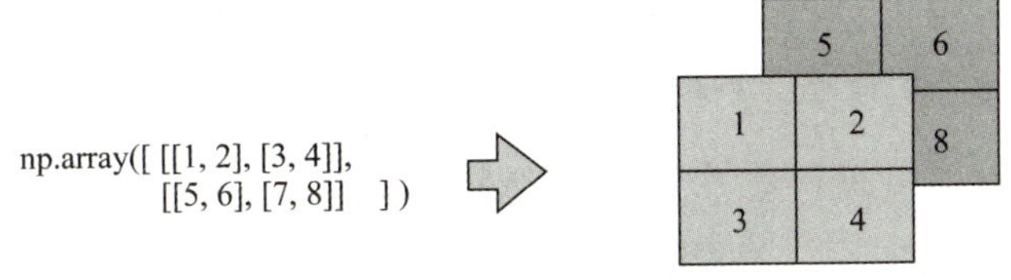

图 8-17 矩阵多维度变换

在很多情况下，处理一个新的维度只需在 NumPy 函数的参数中添加一个逗号（图 8-18）。

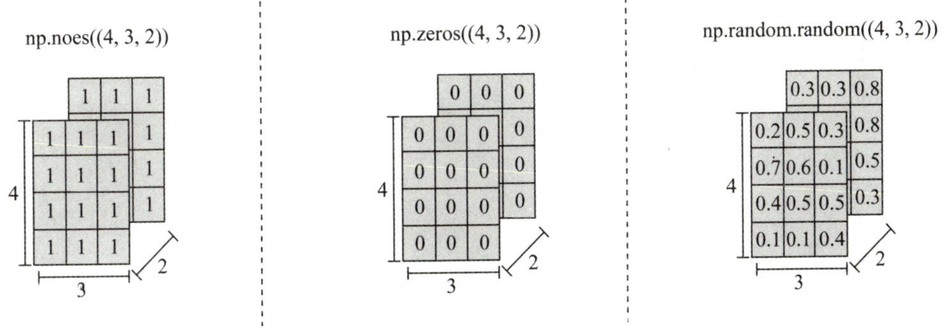

图 8-18 NumPy 函数新维度处理

第二节 Pandas 入门

一、Pandas 简介

Pandas 是一个开源的 Python 库，使用其强大的数据结构提供高性能的数据处理和分析工具。Pandas 这个名字源自“panel data”（面板数据），来自多维数据的计量经济学。

2008 年，就职于 AQR 的量化研究员 Wes McKinney（韦斯·麦金尼）将研究和生产模型的构建以及研究过程迁移到了 Python 编程语言的基础上，开始构建高性能、灵活的数据分析工具 Pandas。开源后，2012 年逐渐流行。

在 Pandas 之前，Python 主要用于数据管理和准备。它对数据分析的贡献很小。Pandas 解决了这个问题。Pandas 提供了方便的类表格和类 SQL 的操作，同时提供了强大的缺失值处理方法，可以方便地进行数据导入、选取、清洗、处理、合并、统计分析等操作。

Python 与 Pandas 一起使用的领域非常广泛，包括学术和商业领域，在金融学、经济学、统计学、分析学、生物学、物理学等学科也有广泛应用。

注：Pandas 官方网站 https：//pandas. pydata. org/

Pandas 中文网 https：//www. pypandas. cn/

二、Pandas 数据结构简介

Series 和 DataFrame 是 Pandas 两个主要的数据结构。二者都遵循数据对齐的内在原则。

1. Series

Series 类似一维数组的对象，与 Numpy 中的一维 array 类似。二者与 Python 基本的数据结构 List 也很相近。Series 是带标签的一维数组，可存储整数、浮点数、字符串、Python 对象等类型的数据。

2. DataFrame

DataFrame 是由多种类型的列构成的二维标签数据结构，类似于 Excel、SQL 表，或 Series 对象构成的字典。DataFrame 是最常用的 Pandas 对象。与 Series 一样，DataFrame 支持多种类型的输入数据：一维 ndarray、列表、字典、Series 字典；二维 numpy. ndarray；结构化的多维数组；Series；DataFrame。index 和 columns 属性分别用于访问行、列标签，如图 8-19 所示。

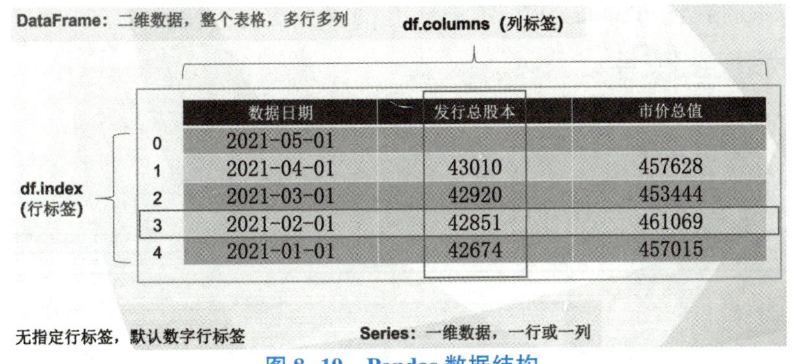

	数据日期	发行总股本	市价总值
0	2021-05-01		
1	2021-04-01	43010	457628
2	2021-03-01	42920	453444
3	2021-02-01	42851	461069
4	2021-01-01	42674	457015

图 8-19 Pandas 数据结构

三、Pandas 的特点

1. 带有标签的数据结构。Pandas 库主要包括 Series 类型（一维）和 DataFrame 类型（二维）这两种数据结构。

2. 允许简单索引和多级索引。

3. 轻松处理浮点数据中的丢失数据（以 NaN 表示）以及非浮点数据。

4. 功能强大。灵活地按组功能执行对数据集拆分、合并、转换等。

5. 可以轻松地将其他 Python 和 NumPy 数据结构中的不同索引的数据转换 DataFrame 对象。

6. 基于标签的切片，便于获取大型数据集的子集。

7. 直观地合并和连接数据集。

8. 可灵活地实现数据集的重塑和旋转。

9. Pandas 所有数据结构的值都是可变的，但数据结构的大小并非都是可变的，比如，Series 的长度不可改变，但 DataFrame 里就可以插入列。

10. Pandas 里，绝大多数方法都不改变原始的输入数据，而是复制数据，生成新的对象。一般来说，原始输入数据不变更稳妥。

四、Pandas 常用操作

（一）安装和导入

若已经安装 Anaconda，不用再安装 Pandas。如果没有安装 Anaconda，可以在命令窗口，使用 pip 命令，快速安装 Pandas 库。

```
pip install pandas
```

编写代码时，需要导入 Pandas 库，才能使用它。在文件的前几行使用 import 语句导入。

```
import pandas as pd
```

其中，as pd 相当于 Pandas 库别名 pd。用 pd 调用更为方便。

（二）读取表格文件

读取常见后缀为 . xlsx 的表格文件，可以使用 read_ excel( ) 方法。

```
import pandas as pd
df = pd.read_excel("上交所股票交易统计表.xlsx")
print(df.head())
```

代码运行结果：

```
   数据日期      发行总股本     市价总值      成交金额     成交量
0  2021-05-01      NaN          NaN          NaN         NaN
1  2021-04-01    43010.0     457628.0     68925.0     5705.67
2  2021-03-01    42920.0     453444.0     84279.0     7456.77
3  2021-02-01    42851.0     461069.0     65364.0     4856.11
4  2021-01-01    42674.0     457015.0     96861.0     6653.58
```

pd. read_excel( ) 读取出的数据类型是 DataFrame。

df. head( ) 表示默认打印前 5 行。

文件中单元格为空，以 NaN 代替了。

左边第一列 0~4 为 index （行标签），第一行为 columns （列标签）

（三）查看数据

1. 查看行标签和列标签。将行或列标签转换为列表类型再打印出来。

```
print(list(df.index)) #查看行标签
```

代码运行结果：

```
[0, 1, 2, 3, 4, 5, 6, 7, 8, 9, 10, 11, 12, 13, 14, 15, 16, 17, 18, 19, 20,
21, 22, 23, 24, 25, 26, 27, 28, 29, 30, 31, 32, 33, 34, 35, 36, 37, 38, 39,
40, 41, 42, 43, 44, 45, 46, 47, 48, 49, 50, 51, 52, 53, 54, 55, 56, 57, 58,
59, 60, 61, 62, 63, 64, 65, 66, 67, 68, 69, 70, 71, 72, 73, 74, 75, 76, 77,
78, 79, 80, 81, 82, 83, 84, 85, 86, 87, 88, 89, 90, 91, 92, 93, 94, 95, 96,
97, 98, 99, 100, 101, 102, 103, 104, 105, 106, 107, 108, 109, 110, 111,
112, 113, 114, 115, 116, 117, 118, 119, 120, 121, 122, 123, 124, 125,
126, 127, 128, 129, 130, 131, 132, 133, 134, 135, 136, 137, 138, 139,
140, 141, 142, 143, 144, 145, 146, 147, 148, 149, 150, 151, 152, 153,
154, 155, 156, 157, 158, 159, 160]

print(list(df)) #查看列标签
```

代码运行结果:

```
['数据日期','发行总股本','市价总值','成交金额','成交量']
```

2. 查看 dataFrame 的值。使用 df. values( ) 打印出值的多维数据，类型为 numpy 中的 numpy. ndarray，可以用 Python 列表的方法解析它。

```
print(df.values)
```

代码运行结果:

```
[['2021-05-01'nan nan nan nan]
  ['2021-04-01'43010.0 457628.0 68925.0 5705.67]
  ['2021-03-01'42920.0 453444.0 84279.0 7456.77]
  ['2021-02-01'42851.0 461069.0 65364.0 4856.11]
                 .........
['2008-02-01'14300.84 225846.35 14230.33 861.338]
  ['2008-01-01'14198.16 225354.97 30759.73 1771.8303]]
```

3. 快速获取统计摘要。查看 dataFrame 数据的统计，使用 df. describe( ) 可以实现数据的快速统计汇总。

	发行总股本	市价总值	成交金额	成交量
count	160.000000	160.000000	160.000000	160.000000
mean	28084.066827	237121.223372	39192.719720	3492.622858
std	8477.153341	92459.073913	32186.240065	2394.453945
min	14198.160000	91719.660000	7324.390000	861.338000
25%	22440.917125	157141.048275	19064.491575	1891.350475
50%	26705.400000	197989.730000	30824.380000	2886.838600
75%	35329.987500	317223.655000	45035.802500	4089.042500
max	43010.000000	461069.000000	200365.300000	13203.140000

count:数量统计,此列共有多少有效值
unipue:不同的值有多少个
std:标准差
min:最小值
25% :四分之一分位数
50% :二分之一分位数
75% :四分之三分位数
max:最大值
mean:均值

（四）选取数据

1. 使用 df［col］方法选择列，col 为 columns 名称的列表

```
df['发行总股本']  #选取第 1 列
```

代码运行结果：

```
0            NaN
1       43010.000000
2       42920.000000
3       42851.000000
4       42674.000000
5       42601.000000
          ......
158     14476.470000
159     14300.840000
160     14198.160000
Name:发行总股本, Length: 161, dtype: float64
```

```
df[['发行总股本','市价总值']]  #选取第 1、2 列
```

代码运行结果：

	发行总股本	市价总值
0	NaN	NaN
1	43010.000000	457628.000000
2	42920.000000	453444.000000
3	42851.000000	461069.000000
4	42674.000000	457015.000000
5	42601.000000	455322.000000
	....	
158	14476.470000	181350.150000
159	14300.840000	225846.350000
160	14198.160000	225354.970000

161 rows × 2 columns

2. 使用 df. loc［］方法选择行，df. loc［］括号中可写入 index 行标签

df. loc［1］#选取第 2 行数据

代码运行结果：

```
数据日期        2021-04-01
发行总股本           43010
市价总值            457628
成交金额             68925
成交量             5705.67
Name: 1, dtype: object


df.loc[:3] #选取第 1 行到第 4 行数据
```

代码运行结果：

	数据日期	发行总股本	市价总值	成交金额	成交量
0	2021-05-01	NaN	NaN	NaN	NaN
1	2021-04-01	43010.0	457628.0	68925.0	5705.67
2	2021-03-01	42920.0	453444.0	84279.0	7456.77
3	2021-02-01	42851.0	461069.0	65364.0	4856.11

3. 使用 df. loc [ ] 方法选择行和列

```
df.loc[[0, 1, 2, 3, 4], ['发行总股本', '市价总值']]
  #或者 df.loc[:4, ['发行总股本', '市价总值']]
```

代码运行结果：

	发行总股本	市价总值
0	NaN	NaN
1	43010.0	457628.0
2	42920.0	453444.0
3	42851.0	461069.0
4	42674.0	457015.0

4. 使用 df. iloc [ ] 数字索引方法选择行

```
df.iloc[1] #使用数字索引选取第 2 行数据
```

代码运行结果：

```
数据日期        2021-04-01
发行总股本           43010
市价总值            457628
成交金额             68925
成交量             5705.67
```

```
Name: 1, dtype: object

df.iloc[:3] #使用数字索引选取第 1 行到第 4 行数据
```

代码运行结果：

	数据日期	发行总股本	市价总值	成交金额	成交量
0	2021-05-01	NaN	NaN	NaN	NaN
1	2021-04-01	43010.0	457628.0	68925.0	5705.67
2	2021-03-01	42920.0	453444.0	84279.0	7456.77
3	2021-02-01	42851.0	461069.0	65364.0	4856.11

（五）替换 NaN

使用 df. fillna（0）方法将空数据 NaN 值替换为 0。

```
df.fillna(0)
```

代码运行结果：

	数据日期	发行总股本	市价总值	成交金额	成交量
0	2021-05-01	0.000000	0.000000	0.000000	0.000000
1	2021-04-01	43010.000000	457628.000000	68925.000000	5705.670000
2	2021-03-01	42920.000000	453444.000000	84279.000000	7456.770000
3	2021-02-01	42851.000000	461069.000000	65364.000000	4856.110000
4	2021-01-01	42674.000000	457015.000000	96861.000000	6653.580000
	……..				
157	2008-04-01	14785.950000	194727.310000	18648.580000	1368.854100
158	2008-03-01	14476.470000	181350.150000	19418.530000	1291.207600
159	2008-02-01	14300.840000	225846.350000	14230.330000	861.338000
160	2008-01-01	14198.160000	225354.970000	30759.730000	1771.830300

161 rows × 5 columns

注意：使用 pandas 处理数据集时，有时数据集中会有 NaN，即为空的情况。要用某个平均值或合适的值替换。

（六）行或列的计算

1. 列的计算

选取数据后，可进行计算，结果设置为新的列。

```
df['均价']=df['成交金额']/df['市价总值']
df
```

代码运行结果：

	数据日期	发行总股本	市价总值	成交金额	成交量	均价
0	2021-05-01	NaN	NaN	NaN	NaN	NaN
1	2021-04-01	43010.000000	457628.000000	68925.000000	5705.670000	0.150614
2	2021-03-01	42920.000000	453444.000000	84279.000000	7456.770000	0.185864
3	2021-02-01	42851.000000	461069.000000	65364.000000	4856.110000	0.141766
4	2021-01-01	42674.000000	457015.000000	96861.000000	6653.580000	0.211943
				....		
157	2008-04-01	14785.950000	194727.310000	18648.580000	1368.854100	0.095768
158	2008-03-01	14476.470000	181350.150000	19418.530000	1291.207600	0.107078
159	2008-02-01	14300.840000	225846.350000	14230.330000	861.338000	0.063009
160	2008-01-01	14198.160000	225354.970000	30759.730000	1771.830300	0.136495

161 rows × 6 columns

注意：除数和被除数都为 0，计算结果为 NaN。新计算的数据可以作为 DataFrame 的一列数据。

2. 行或列的删除

dataFrame 数据可以使用 drop（）方法按照 index 或 columns 删除标签列表。

```
df1=df['成交金额']/df['市价总值']   #df1 为数据的副本
df1
```

代码运行结果：

	数据日期	发行总股本	市价总值	成交金额	成交量	均价
1	2021-04-01	43010.000000	457628.000000	68925.000000	5705.670000	0.150614
2	2021-03-01	42920.000000	453444.000000	84279.000000	7456.770000	0.185864
3	2021-02-01	42851.000000	461069.000000	65364.000000	4856.110000	0.141766
4	2021-01-01	42674.000000	457015.000000	96861.000000	6653.580000	0.211943
				....		
157	2008-04-01	14785.950000	194727.310000	18648.580000	1368.854100	0.095768
158	2008-03-01	14476.470000	181350.150000	19418.530000	1291.207600	0.107078
159	2008-02-01	14300.840000	225846.350000	14230.330000	861.338000	0.063009
160	2008-01-01	14198.160000	225354.970000	30759.730000	1771.830300	0.136495

160 rows × 6 columns

（七）字符替换

将 dataFrame 数据的字符串中的‘-’替换为‘/’。

```
df1['数据日期']=df1['数据日期'].str.replace('-','/')
df1
```

代码运行结果：

	数据日期	发行总股本	市价总值	成交金额	成交量	均价
1	2021-04-01	43010.000000	457628.000000	68925.000000	5705.670000	0.150614
2	2021-03-01	42920.000000	453444.000000	84279.000000	7456.770000	0.185864
3	2021-02-01	42851.000000	461069.000000	65364.000000	4856.110000	0.141766
4	2021-01-01	42674.000000	457015.000000	96861.000000	6653.580000	0.211943
				········		
157	2008-04-01	14785.950000	194727.310000	18648.580000	1368.854100	0.095768
158	2008-03-01	14476.470000	181350.150000	19418.530000	1291.207600	0.107078
159	2008-02-01	14300.840000	225846.350000	14230.330000	861.338000	0.063009
160	2008-01-01	14198.160000	225354.970000	30759.730000	1771.830300	0.136495

160 rows × 6 columns

replace 方法对字符串类型的数据有效。如果要对其他类型的数据生效，先要查看数据类型，必要时将其转换类型。

（八）转换数据类型

1. 查看数据类型

```
df.dtypes
```

代码运行结果：

```
数据日期        object
发行总股本      float64
市价总值        float64
成交金额        float64
成交量          float64
均价            float64
dtype: object
```

2. 查看整个 DataFrame 的信息

```
df.info()
```

代码运行结果：

```
<class 'pandas.core.frame.DataFrame'>
Int64Index: 161 entries, 0 to 160
```

```
Data columns (total 6 columns):
数据日期         161 non-null object
发行总股本       160 non-null float64
市价总值         160 non-null float64
成交金额         160 non-null float64
成交量           160 non-null float64
均价             160 non-null float64
dtypes: float64(5), object(1)
memory usage: 13.8+ KB
```

3. 转换数据类型

astype()可实现类型的转换，如本例将‘数据日期’转换为datetime64类型，显示的结果为datetime64［ns］，datetime64［ns，tz］表示带时区的时间类型。

```
df['数据日期'].astype('datetime64')
```

代码运行结果：

```
0     2021-05-01
1     2021-04-01
2     2021-03-01
3     2021-02-01
4     2021-01-01
5     2020-12-01
   ........
157   2008-04-01
158   2008-03-01
159   2008-02-01
160   2008-01-01
Name:数据日期, Length: 161, dtype: datetime64[ns]
```

常见的数据类型：float64，int64，bool，datetime64［ns］，datetime64［ns，tz］，timedelta［ns］，category，object/str。object数字的默认的数据类型是int64\float64。

（九）多表合并

1. 基于共同列合并

```
df1=pd.read_excel('上交所股票交易统计表.xlsx',sheet_name='Sheet1')
df1=df1[['数据日期','发行总股本','市价总值']]
```

```
df2=pd.read_excel('上交所股票交易统计表.xlsx',sheet_name='Sheet2')
df2=df2[['数据日期','均价']]
df=pd.merge(df1,df2,on='数据日期')
df.head()
```

代码运行结果：

	数据日期	发行总股本	市价总值	均价
0	2021-05-01	NaN	NaN	NaN
1	2021-04-01	43010.0	457628.0	0.150614
2	2021-03-01	42920.0	453444.0	0.185864
3	2021-02-01	42851.0	461069.0	0.141766
4	2021-01-01	42674.0	457015.0	0.211943

2. 表的轴向连接合并

```
df1=pd.read_excel('上交所股票交易统计表.xlsx',sheet_name='Sheet1')
df1=df1[['数据日期','发行总股本','市价总值']]
df2=pd.read_excel('上交所股票交易统计表.xlsx',sheet_name='Sheet2')
df2=df2[['数据日期','均价']]
df=pd.concat([df1,df2],axis=1) #axis=1 按左右合并,默认 axis = 0,即上下连接
df.head()
```

代码运行结果：

	数据日期	发行总股本	市价总值	数据日期	均价
0	2021-05-01	NaN	NaN	2021-05-01	NaN
1	2021-04-01	43010.0	457628.0	2021-04-01	0.150614
2	2021-03-01	42920.0	453444.0	2021-03-01	0.185864
3	2021-02-01	42851.0	461069.0	2021-02-01	0.141766
4	2021-01-01	42674.0	457015.0	2021-01-01	0.211943

3. 表的追加合并

df.append（）可以将其他 DataFrame 附加到调用方的末尾，并返回一个新对象。它是最简单、最常用的数据合并方式。

```
df1=pd.read_excel('上交所股票交易统计表.xlsx', sheet_name='Sheet1')[0:2]
df2=pd.read_excel('上交所股票交易统计表.xlsx', sheet_name='Sheet1')[158:]
df=df1.append(df2)
df
```

代码运行结果：

	数据日期	发行总股本	市价总值	成交金额	成交量
0	2021-05-01	NaN	NaN	NaN	NaN
1	2021-04-01	43010.00	457628.00	68925.00	5705.6700
158	2008-03-01	14476.47	181350.15	19418.53	1291.2076
159	2008-02-01	14300.84	225846.35	14230.33	861.3380
160	2008-01-01	14198.16	225354.97	30759.73	1771.8303

第三节 Matplotlib 入门

一、Matplotlib 简介

Matplotlib 是一个 Python 2D 绘图库（目前使用工具包绘制 3D 图像），可以在 Python 脚本、Python shell、Jupyter Notebook、Web 应用程序服务器中使用。Matplotlib 尝试使容易的事情变得更容易，使困难的事情变得可能。几行代码就可以生成图表，如直方图、功率谱、条形图、误差图、散点图等。

Matplotlib 库在 Anaconda 资源库中，安装 Anaconda 后，不用再单独下载安装 Matplotlib。

二、Matplotlib 的常用操作

Matplotlib 绘图功能非常强大，可绘制多种图形，适用于各种学科和专业领域。在使用前可在官网查找适合的图形样例或模板，并查看相应代码，在其基础上进行修改，实现自己的可视化需求。

图 8-20 为某矿业公司不同产品的销售收入信息表。我们以该表为数据源，结合 pandas 来学习 Matplotlib 库。

首页 | 产品销售收入表.xlsx | +

☰ 文件 开始 插入 页面布局 公式 数据 审阅 视图 开发工具

I20 fx

	A	B	C	D	E	F
1	日期	产品	单价	数量	金额	金额占比
2	2015年	产品A	498.58	176,235.94	87,867,761.69	17.11%
3	2016年	产品A	492.40	69,931.71	34,434,123.21	6.70%
4	2017年	产品A	491.53	279,122.49	137,198,024.98	26.71%
5	2018年	产品A	445.60	169,649.85	75,596,786.74	14.72%
6	2019年	产品A	449.92	396,852.13	178,552,989.76	34.76%
7	2015年	产品B	100.23	246,988.67	24,755,674.89	21.65%
8	2016年	产品B	110.25	107,641.54	11,867,479.94	10.38%
9	2017年	产品B	111.30	156,532.97	17,422,119.77	15.24%
10	2018年	产品B	120.50	276,963.38	33,374,087.40	29.19%
11	2019年	产品B	130.40	206,406.87	26,915,456.03	23.54%

图 8-20 销售收入信息表

（一）绘制一条折线统计图

四个点，横纵坐标分别写入 x、y 的列表中，plt. plot（x，y）设置了二维坐标图，plt. show( )显示绘制的折线统计图，如图 8-21 所示。

```
import matplotlib.pyplot as plt

year = ['2015','2016','2017','2018','2019']
price = [498.58, 492.40, 491.53, 445.60, 449.92]
plt.plot(year, price)
plt.show()
```

代码运行结果：

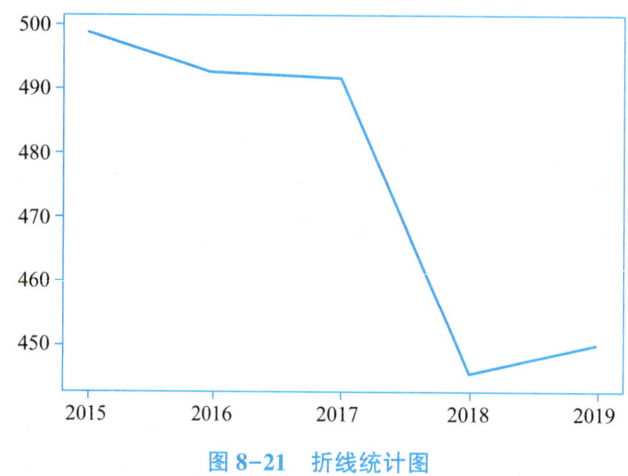

图 8-21　折线统计图

通过使用 pandas 库读取某矿业公司产品的销售收入信息表，获取到产品 A 的信息。对数据做处理后，进行可视化处理，绘制产品 A 价格波动折线统计图。如图 8-22 所示。

```
import pandas as pd
import matplotlib.pyplot as plt

df = pd.read_excel('产品销售收入表.xlsx') #默认读取第一个 sheet
dfA = df[df['产品'] == '产品 A'] #取出产品 A 的所有行信息
year = dfA['日期'].apply(lambda x: x[:-1]) #去掉日期中的年字
#金额保留两位小数
price = dfA['单价'].round(2)
plt.plot(year,price)
plt.show()
```

代码运行结果：

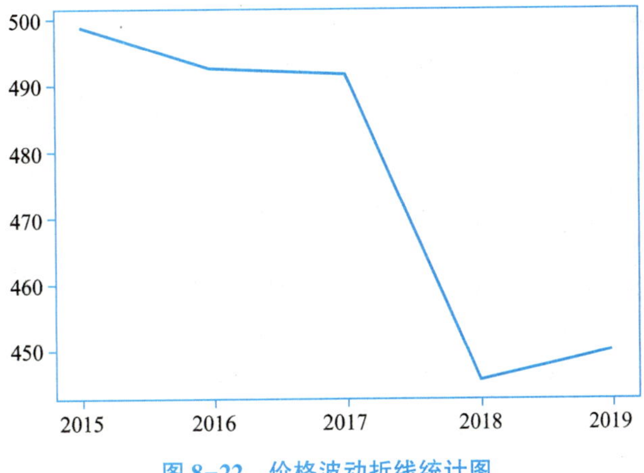

图 8-22　价格波动折线统计图

（二）绘制两条折线统计图

使用 pandas 读取某矿业公司产品的销售收入信息表，获取到产品 A 和产品 B 的销售数量数据，对数据做处理后，进行可视化处理，绘制两种产品销量折线统计图（图 8-23）。

（year，countA），（year，countB）分别为两条折线的坐标数据，表示不同年份的销售数量。

```
import pandas as pd
import matplotlib.pyplot as plt

df = pd.read_excel('产品销售收入表.xlsx') #默认读取第一个 sheet
countA = df[df['产品'] == '产品 A']['数量'].round(2)
countB = df[df['产品'] == '产品 B']['数量'].round(2)
year = df[df['产品'] == '产品 B']['日期'].apply(lambda x: x[:-1])
plt.plot(year,countA)
plt.plot(year,countB)
plt.show()
```

代码运行结果：

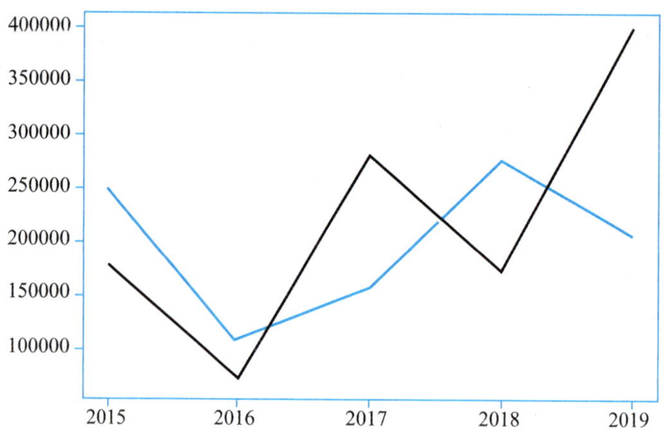

图 8-23　两种产品销量折线统计图

（三）绘制基本柱形统计图

使用 pandas 读取某矿业公司产品的销售收入信息表，获取到产品 A 的销售数量数据。对数据做处理后，进行可视化处理，绘制产品 A 销量柱形统计图（图 8-24）。

与折线统计图不同是，使用 plt. bar( ) 设置柱形图。

```
import pandas as pd
import matplotlib.pyplot as plt
df = pd.read_excel('产品销售收入表.xlsx') #默认读取第一个 sheet
countA = df[df['产品'] == '产品 A']['数量'].round(2)
year = df[df['产品'] == '产品 A']['日期'].apply(lambda x: x[:-1])
plt.bar(year, countA)
plt.show()
```

代码运行结果：

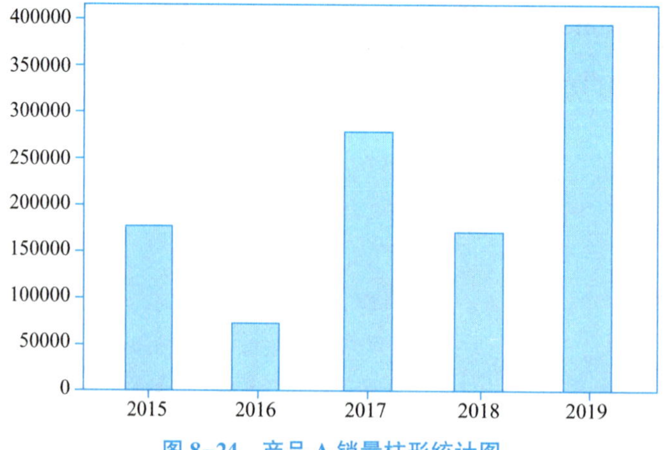

图 8-24　产品 A 销量柱形统计图

(四) 绘制堆叠柱形统计图

使用 pandas 读取某矿业公司产品的销售收入信息表，获取到产品 A 和产品 B 的销售数量数据。对数据做处理后，进行可视化处理，绘制两种产品销量堆叠柱形统计图（图 8-25）。

设置堆叠时，要使用 bottom 参数指明上下组关系。绘制图形可以使用 Label 参数给图表添加标签，以及 plt. legend( ) 增加图例。

```
import pandas as pd
import matplotlib.pyplot as plt

df = pd.read_excel('产品销售收入表.xlsx') #默认读取第一个 sheet
countA = df[df['产品'] == '产品 A']['数量'].round(2)
countB = df[df['产品'] == '产品 B']['数量'].round(2)
year = df[df['产品'] == '产品 B']['日期'].apply(lambda x: x[:-1])
plt.bar(year, countA, label='productA')
plt.bar(year, countB, bottom=countA, label='productB')
plt.legend() #增加图例
plt.show()
```

代码运行结果：

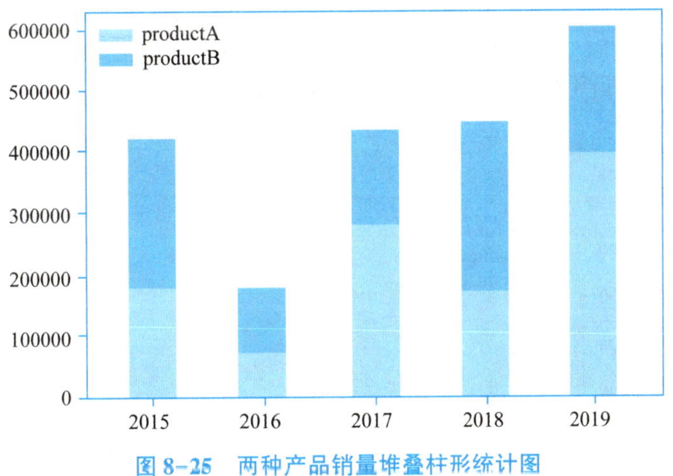

图 8-25　两种产品销量堆叠柱形统计图

(五) 绘制双柱形统计图

使用 pandas 读取某矿业公司产品的销售收入信息表，获取到产品 A 和产品 B 的销售数量数据。对数据做处理后，进行可视化处理，绘制两种产品销量双柱形统计图（图 8-26）。

两条柱形的中心坐标与实际坐标刻度有偏差（本例为 gap），需要设计和计算出来，使用 numpy 构造一维数组，方便运算。plt. bar( ) 中第一个参数为柱图中心坐标，width 为柱图宽度。使用 plt. xticks( ) 可以修改 x 坐标轴的刻度。

```
import pandas as pd
import numpy as np
import matplotlib.pyplot as plt

df = pd.read_excel('产品销售收入表.xlsx')
year = df[df['产品'] == '产品 A']['日期'].apply(lambda x: x[:-1])
countA = df[df['产品'] == '产品 A']['数量'].round(2)
countB = df[df['产品'] == '产品 B']['数量'].round(2)

x = np.arange(len(year))
width = 0.35 #一个柱图的宽度
gap = x - width/2

plt.bar(gap, countA, width = width, facecolor = '#01386a', label = 'productA')
plt.bar(gap + width, countB, width = width, label = 'productB')
plt.xticks(x, year) # x 轴刻度标签
plt.legend() #增加图例
plt.show()
```

代码运行结果：

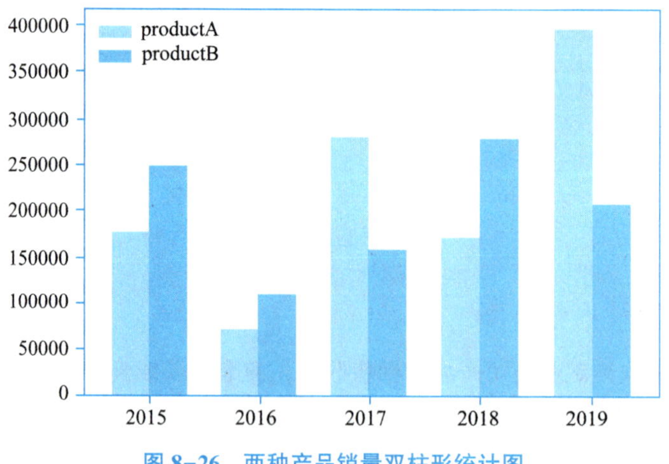

图 8-26　两种产品销量双柱形统计图

```
height 可以设置横向柱形的宽度
bar 换成 barh,其他没变
facecolor 是接受颜色字符,指定图形颜色,颜色设置可参考:
https://matplotlib.org/tutorials/colors/colors.html#sphx-glr-tutorials-colors-colors-py
https://matplotlib.org/gallery/color/named_colors.html
https://xkcd.com/color/rgb/
```

（六）读表绘制饼图

使用 pandas 读取某矿业公司产品的销售收入信息表，获取到产品 A 的销售数据。对数据做处理后，进行可视化处理，绘制饼图，反馈每年度销售金额占比（图 8-27）。

```
import pandas as pd
import matplotlib.pyplot as plt

plt.rcParams['font.sans-serif']=['SimHei']  #显示正常中文标签
plt.rcParams['axes.unicode_minus']=False   #解决负号显示为方框的问题

df = pd.read_excel('产品销售收入表.xlsx')
year = df[df['产品'] == '产品 A']['日期'].apply(lambda x: x[:-1])
rateA = df[df['产品'] == '产品 A']['金额占比'].round(4)
colors = ['red', 'yellow', 'blue', 'green', 'orange']

fig,ax = plt.subplots()
ax.pie(rateA, labels=year, colors=colors, autopct = '%1.2f%%', labeldistance=1.1,
    explode=[0.06, 0, 0, 0, 0], pctdistance=0.5, shadow = True, startangle=90)
ax.axis('equal') #纵横比相同,饼图绘制为圆形
plt.title('每年度销售金额占比分析')
plt.legend(loc=(0.8, 0.8))  #显示图例
plt.show()
```

代码运行结果：

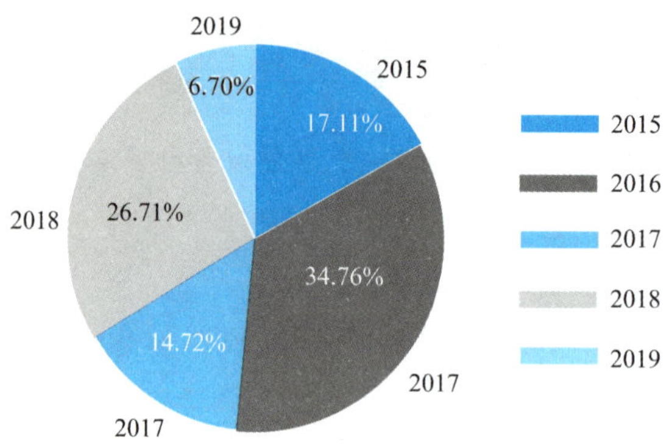

图 8-27 产品 A 销量年度占比饼图

```
labels:饼图扇形块标签;
colors:扇形块颜色;
autopct:显示百分比;
labeldistance:扇形块标签距离中心的距离;
explode:每一个扇形块与中心距离;
pctdistance:百分比文本距离饼状图中心的距离;
shadow:显示阴影;
startangle:设置饼图的初始摆放角度;
```

(七) 显示中文、负号

Matplotlib 默认不支持中文和负号的显示，需要设置参数，如上述代码展示。其中，中文字体的设置还可参考表 8-1，显示其他中文字体。

```
plt.rcParams['font.sans-serif']=['SimHei']  #显示正常中文标签
plt.rcParams['axes.unicode_minus']=False  #解决负号显示为方框的问题
```

表 8-1 中英文字体

字体中文名称	字体英文名称	字体中文名称	字体英文名称
黑体	SimHei	微软雅黑	Microsoft YaHei
微软正黑体	Microsoft JhengHei	宋体	SimSun
仿宋	FangSong	新宋体	Ns imSun
仿宋 GB2312	FangSong_2312	新细明体	PmingLiU
楷体	KaiTi	楷体_GB2312	KaiTi GB2312

(八) 设置标题、轴标签和图例

```
import pandas as pd
import numpy as np
```

```
import matplotlib.pyplot as plt

plt.rcParams['font.sans-serif']=['SimHei']  #正常显示中文标签

df = pd.read_excel('产品销售收入表.xlsx')
year = df[df['产品'] == '产品A']['日期'].apply(lambda x: x[:-1])
countA = df[df['产品'] == '产品A']['数量'].round(2)
countB = df[df['产品'] == '产品B']['数量'].round(2)

x = np.arange(len(year))
width = 0.35 #一个柱图的宽度
gap = x - width/2
font = {'family':'KaiTi','color':'teal','weight':'2','size':18}
plt.xlabel('销售数量(单位:吨)', fontdict=font)
plt.ylabel('年度', fontdict=font)
plt.title('某矿业公司产品销售数量对比横向柱状图', fontdict=font)
plt.barh(gap, countA, height = width, facecolor = '#01386a', label =
'productA')
plt.barh(gap + width, countB, height = width, label = 'productB')
plt.yticks(x, year)
plt.legend()
plt.show()
```

代码运行结果：

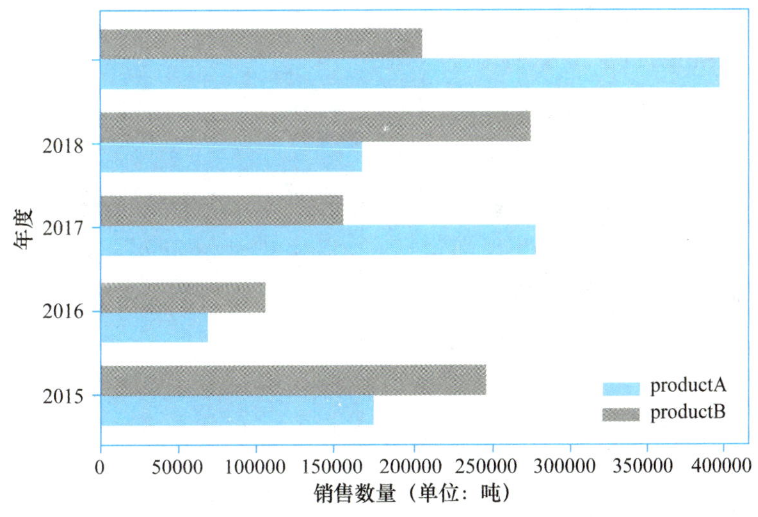

图 8-28　某矿业公司产品销售数量对比横向柱形图

plt. title( )设置标题，plt. xlabel( )设置 x 轴标签，plt. ylabel( )设置 y 轴标签。可以通过设置 fontdict 字典，来设置它们的字体，颜色，粗细，字号。

weight：可设置为 0~1000 或 'ultralight'，'light'，'normal'，'regular'，'book'，'medium'，'roman'，'semibold'，'demibold'，'demi'，'bold'，'heavy'，'extra bold'，'black'。

在各种设置图形的函数中（本例为 plt. barh( )）设置 label 图例标签，再使用 plt. legend( )，即可显示图形的图例。见图 8-29。

（九）双轴、重写刻度标签

```
import matplotlib.pyplot as plt

plt.rcParams['font.sans-serif']=['SimHei']
plt.rcParams['axes.unicode_minus']=False

df1 = pd.read_excel('产品销售收入表.xlsx',sheet_name='产品销售统计表1')
df2 = pd.read_excel('产品销售收入表.xlsx', sheet_name='产品销售统计表2')
df3 = pd.read_excel('产品销售收入表.xlsx', sheet_name='产品销售统计表3')
df = pd.concat([df1, df2, df3], ignore_index=True)

product = df['产品'].drop_duplicates() #去掉重复的产品名称
price = df[df['日期'] == '2019年']['单价']
count = df[df['日期'] == '2019年']['数量']

fig,ax=plt.subplots() #添加画布、子图
ax2 = ax.twinx() #添加双轴

x1 = ax.bar(product, count, color='#5470c6', label='数量')
x2 = ax2.plot(product, price, 'o-', color='#cc6767', label='单价')
ax.set_ylabel('数量(单位:吨)')
ax2.set_ylabel('单价(单位:元)')
ax.legend(loc='upper left', bbox_to_anchor=(0.5, -0.1))    #指定图例在
轴的位置
ax2.legend(loc='upper right', bbox_to_anchor=(0.5, -0.1))
```

```
plt.title('某矿业公司 2019 年主要产品销售情况一览表')
plt.show()
```

代码运行结果：

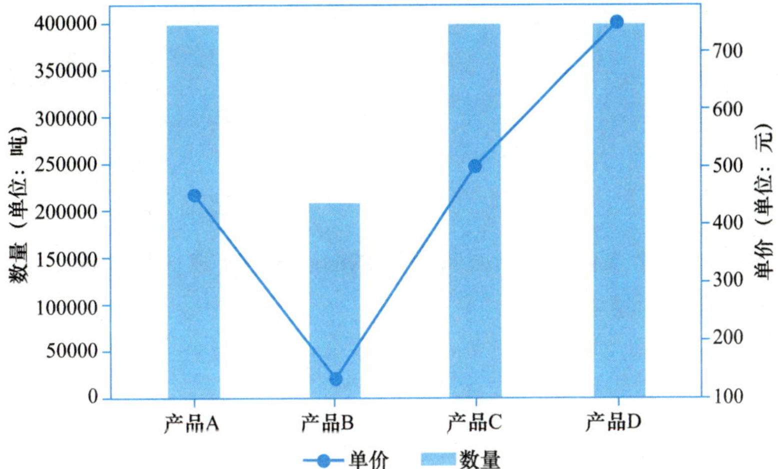

图 8-29　某矿业公司 2019 年主要产品销售情况一览表

第九章
Python 大数据分析案例

教学目的

通过案例学习，使学生能够灵活应用所学 Python 知识处理实际工作，培养学生能够用利用技术提高工作效率的意识与能力。

思政目标

未来的工作、生活决策更多依靠数据分析来制定，明确数据分析在实际工作中的重要性，培养学生良好的创新思维与实践能力，不断探索新的数据应用和解决方案，培养在人工智能时代符合国家需求的复合型财务人才。

第一节　Python 在财务与会计中的应用

一、资金的时间价值

资金时间价值是指资金在扩大再生产的循环周转过程中，随时间变化而产生的增值。它是一个动态概念，可以从两个方面来理解：一方面，资金投入经济领域，经过劳动者的生产活动，并伴随着时间推移，可产生增值，这就是时间价值；另一方面，如果放弃了资金的使用权，相当于失去了获得收益的机会，也就是说付出了一定的代价，在一定时间内的这种代价也就是时间价值。资金时间价值的实质是在没有风险和通货膨胀情况下的社会平均利润率，一般可以用同期国债利息率来表示。

资金时间价值的计算有单利和复利两种方式。单利是只对本金计息的方法。我国目前存贷款利息一般都是按照单利或者约定方式计算的。复利不仅本金计算利息，而且对利息也要计息，将本息作为下一期利息计算的基数，也就是通常所说的“利滚利”。按照单利计算资金时间价值的方法比较简单，但它没考虑利息在周转使用过程中的时间价值因素，不便于不同财务决策方案之间的比较和评价，因此在财务管理中通常使用复利计算资金时间价值。常见的有以下几种形式。

（一）普通复利的终值和现值

1. 普通复利终值，是指现在特定资金按照复利计算的将来一定时期的价值，或者说现在一定的本金在将来一定时期的本利和，也称单一本金复利终值。其计算式表述如下：

$$F = P \times (1 + i)^n$$

式中：F 为终值或本利和；P 为现值或本金；i 为期利率或报酬率；n 为期数；$(1+i)^n$称为普通复利终值系数，可写成（F/P，i，n）。

【例 1】现投资 1000 元，投资报酬率为年利率 12%，在 5 年期满时可收回的金额是多少？

解：$F = 1000\times(1+12\%)^5$

$= 1000\times(F/P,\ 12\%,\ 5)$

$= 1000\times1.762$

$= 1762$（元）

Python 程序代码如下：

```
def end_money(investment_money):
#复利终值=投资金额 * (1+投资报酬率)^时间
end_money = investment_money* (1+0.12)* * 5
return end money
print(end_money(1000))
```

2. 普通复利现值，是指未来一定时间的某一特定资金按复利计算的现在价值，是与复利终值对应的概念，也称单一本金复利现值。其计算公式如下：

$$P = F \times \frac{1}{(1 + i)^n} = F \times (1 + i)^{-n}$$

式中：P 为普通复利现值；$(1+i)^{-n}$为普通复利现值系数，它实际上是普通复利终值系数的倒数，可以写成（P/F，I，n）。

【例 2】若 5 年后要获得本利 5000 元，年利息率 12%，现在应投入的金额是多少元？

解：复利现值 $= 5000 \times (1 + 12\%)^{-5}$

$= 5000 \times 0.567$

$= 2835$(元)

Python 程序代码如下：

```
def end_money():
#复利现值=本利金额 * (1+年利息率)^-时间
    end_money = 5000 * (1+0.12)* * -5
    return end_money
print(end_money())
```

或者更简单的实现方式：

```
end_money = 5000 * (1+0.12)* * -5
print(end_money)
```

（二）普通年金终值和现值

年金，是指本金具有等金额、等间隔特征的系列收付款项。例如，分期等额付款赊购、分期等额偿还贷款、发放等额养老金、直线法下计提的某固定资产折旧额等，都属于年金收付形式。

1. 普通年金终值。普通年金又称后付年金，是指本金发生在每期期末的年金。普通年金终值是在若干时期内每期期末收付的款项，在最后一次收付款时的本利和，它是连续若干次等金额等间隔系列收支的复利终值之和。

若每期的收付金额 A，每期利率为 i，期数为 n，普通年金终值 F 为：

$$F = A + A \times (1+i) + A \times (1+i)^2 + \cdots + A \times (1+i)^{n-1}$$
$$= A \times \frac{(1+i)^n - 1}{i}$$

式中的 $\frac{(1+i)^n - 1}{i}$ 是普通年金终值系数，记作 $(F/A, i, n)$。

【例 3】某人在 5 年内于每年年末存入银行 1000 元，年利息率 10%，5 年后本利和共有多少钱？

解：普通年金终值 $= 1000 \times \frac{(1+10\%)^5 - 1}{10\%}$

$= 1000 \times 6.105$

$= 6105$(元)

Python 程序代码如下：

```
def end_money():
#普通年金终值=存入金额 * ((1+年利息率)^时间)-1)/年利息率
    end_money = 1000 * ((1+0.1)* * 5-1)/0.1
    return end_money
print(end_money())
```

或者更简单的实现方式：

```
end_money = 1000 * ((1+0.1)* * 5-1)/0.1
print(end_money)
```

2. 普通年金现值。普通年金现值，是指在每期期末收付的相等金额的款项，相当于现在的总金额。它是若干时期内每期期末收付款项的复利现值之和。

若每期的收付金为 A，期利率为 i，期数为 n，则按复利计算的年金现值 P 为：

$$P = A \times (1+i)^{-1} + A \times (1+i)^{-2} + \cdots + A \times (1+i)^{-n}$$
$$= A \times \frac{1-(1+i)^{-n}}{i}$$

式中 $\frac{1-(1+i)^{-n}}{i}$ 是普通年金现值系数，记作（P/A，i，n）。

【例 4】租入某设备，每年年末要支付租金 1000 元，连续租 5 年，租赁公司的报酬率为 10%，问这相当于现在一次性支付多少租金？

解：普通年金现值 $= 1000 \times \frac{1-(1+10\%)^{-5}}{10\%}$

$$= 1000 \times 3.791$$
$$= 3791(元)$$

Python 程序代码如下：

```
def end_money():
#普通年金现值=支付租金*（1-(1+报酬率)^-时间))/报酬率
    end_money = 1000*(1-(1+0.1)**-5)/0.1
    return end_money
print(end_money())
```

或者更简单的实现方式：

```
end_money = 1000*(1-(1+0.1)**-5)/0.1
print(end_money)
```

思考题：

请设计一个计算以上四种资金时间价值的通用程序，客户只要选择某一种时间价值形式，然后输入本金、利率、期数等参数，就可以自动得出其结果。

解：

```
def FVn(principal,interest_rate,periods):#复利终值=投资金额*（1+投资
报酬率)^时间
    FVn = principal*(1+interest_rate)**periods
    return FVn
def Present_value(principal,interest_rate,periods):#复利现值=本利金
额*（1+年利息率)^-时间
    Present_value = principal*(1+interest_rate)**-periods
    return Present_value
```

```
def FVAn(principal,interest_rate,periods):#普通年金终值=存入金额* ((1+年利息率)^时间)-1)/年利息率
    FVAn = principal* ((1+interest_rate)* * periods-1)/interest_rate
    return FVAn
def PVA(principal,interest_rate,periods):#普通年金现值=支付租金* (1-(1+报酬率)^-时间))/报酬率
    PVA = principal* (1-(1+interest_rate)* * -periods)/interest_rate
    return PVA
print("资金时间价值计算程序")
print("需要计算复利现值输入 A、复利终值输入 B、普通年金现值输入 C、普通年金终值输入 D")
option_type=input("请输入选择的计算类型:")
if option_type in 'A,B,C,D':
    principal=int(input("请输入投资金额:"))
    interest_rate=float(input("请输入利息率,需输入小数,例如 0.1:"))
    periods=int(input("请输入时间,例如 5:"))
    if option_type=='A':
        print(FVn(principal,interest_rate,periods))
    elif option_type=='B':
        print(Present_value(principal,interest_rate,periods))
    elif option_type=='C':
        print(FVAn(principal,interest_rate,periods))
    else:
        print(PVA(principal,interest_rate,periods))
```

二、成本习性分析

所谓成本习性，是指成本总额与业务量总数之间的依存关系，即从数量上分析成本与业务量之间规律性的联系。成本习性分析是成本管理会计中各种分析方法的基础，按照成本习性可以分为变动成本、固定成本和混合成本。

所谓变动成本，是指在相关范围内，其成本总额和业务量总数之间保持严格的正比例关系变动的成本，例如直接材料、直接人工的总额就会随着业务量的增加而相应增加。

所谓固定成本，是指在相关范围内，其成本总额不随业务量变动而变动的成本。无论业务量如何变动，该成本总额始终保持不变。例如，直线法计提的固定资产折旧、租金等。

所谓混合成本，是指随着业务量的增减变动，其总额虽然也相应地发生变动，但变动的幅度并不同业务量的变动保持严格的比例关系的成本。为了规划和控制经济活动，必须首先把全部成本按其习性划分为变动成本和固定成本两大类。然而在实际工作中，确实存在混合成本，这就需要我们将其性质相近的汇集在一起，并采用不同的专门方法将其中变动和固定两种因素分解出来，再分别纳入变动成本和固定成本两大类中去，这就叫作混合成本分解。

混合成本的分解旨在将混合成本分解为固定成本和变动成本两部分，即将混合成本表述为：

$$y = a + bx$$

常见的分解方法有两大类：一类是侧重于定性分析的方法，如账户法、合同确认法、技术测定法等。另一类是定量分析法，即利用一定时期的业务量与成本的历史数据，采用适当的数学方法进行分析，确定所需分解的混合成本的函数方程，进而将其分解为固定成本和变动成本。常见的方法有高低点法、布点图法和回归直线法等。

【例 5】某企业 20×4 年 1—6 月有关产量与成本的资料如下表所示：

月份	1	2	3	4	5	6	合计
产量（件）	400	200	300	500	400	600	2400
成本（元）	3000	2000	2800	4000	3200	4400	19400

要求：

采用回归直线法（$y = a + bx$）对混合成本进行分解。

解：

$$a = \frac{\sum y - b\sum x}{n} \quad b = \frac{n\sum xy - \sum x \sum y}{n\sum x^2 - (\sum x)^2}$$

月份	产量 X	成本 Y	XY	X^2	Y^2
1	400	3000	1 200 000	160 000	9 000 000
2	200	2000	400 000	40 000	4 000 000
3	300	2800	840 000	90 000	7 840 000
4	500	4000	2 000 000	250 000	160 000 000
5	400	3200	1 280 000	160 000	10 240 000
6	600	4400	2 640 000	360 000	19 360 000
N=6	$\sum x = 2400$	$\sum y = 19400$	$\sum xy = 8360000$	$\sum x^2 = 1060000$	$\sum y^2 = 66440000$

因此

$$b=\frac{6\times8360000-2400\times19400}{6\times1060000-2400\times2400}=6\qquad a=\frac{19400-6\times2400}{6}=833.33$$

混合成本的公式：$y=833.33+6x$

Python 程序代码如下：

```
#某企业 20×4 年 1—6 月有关产量与成本
import numpy as np
import pandas as pd
#成本总额=固定成本+变化成本* 产量
def Total_cost(b,a):#混合成本公式
    print(f'\n 成本总额公式为:y={a}+{b}x')#传入计算出来的参数,显示最终结果
x=np.matrix("400, 200, 300, 500, 400, 600")#产量
y=np.matrix("3000, 2000, 2800, 4000, 3200, 4400")#成本
xy, x_2, y_2=np.multiply(x, y), np.multiply(x, x), np.multiply(y, y)#
x, y 数组间的计算
a=[1, 2, 3, 4, 5, 6]
Ax=(x.A)[0] #矩阵转换 array
Ay=(y.A)[0]
Axy=(xy.A)[0]
AX2=(x_2.A)[0]
AY2=(y_2.A)[0]
dic={"月份":a, "X":Ax,"Y":Ay,"XY":Axy,"X2":AX2,"Y2":AY2} #将列表转换
成字典
s=pd.DataFrame(dic)
print("数组的计算结果:\n",s)#输出计算之后的结果

sum_x,sum_y,sum_xy,sum_x_2,sum_y_2=x.sum(),y.sum(),xy.sum(),x_
2.sum(),y_2.sum()#分别进行数组的求和
dic1={"月份":'N=6', "X":sum_x,"Y":sum_y,"XY":sum_xy,"X2":sum_x_2,"
Y2":sum_y_2}
s1= pd.DataFrame(dic1,index=[0])
s2=s.append(s1,ignore_index=True)
print("\n 数组求和计算结果:\n",s2) #sum_x,sum_y,sum_xy,sum_x_2,sum_y_2
b=round((6* sum_xy-sum_x* sum_y)/(6* sum_x_2-sum_x* * 2),2)#计算 b
的值
```

```
a=round((sum_y-b* sum_x)/6,2)#计算 a 的值
Total_cost(b,a)#混合公式的调用
```

代码运行结果：

数组的计算结果：

```
   月份   X     Y      XY        X2       Y2
0  1    400   3000   1200000   160000   9000000
1  2    200   2000   400000    40000    4000000
2  3    300   2800   840000    90000    7840000
3  4    500   4000   2000000   250000   16000000
4  5    400   3200   1280000   160000   10240000
5  6    600   4400   2640000   360000   19360000
```

数组求和计算结果：

```
   月份    X      Y       XY        X2        Y2
0  1      400    3000    1200000   160000    9000000
1  2      200    2000    400000    40000     4000000
2  3      300    2800    840000    90000     7840000
3  4      500    4000    2000000   250000    16000000
4  5      400    3200    1280000   160000    10240000
5  6      600    4400    2640000   360000    19360000
6  N=6  2400   19400   8360000   1060000   66440000
```

成本总额公式为：$y=833.33+6.0x$

三、本量利分析

本量利分析是“成本-业务量-利润”分析的简称，它是指在成本习性和变动成本法的基础上，运用数量化的模型揭示企业一定时期内的成本、业务量和利润之间的相互影响、相互制约关系的一种定量分析方法。

1. “贡献毛益”是本量利分析的一个重要概念，也被称为边际贡献，它是指企业的产品销售收入减去其变动成本后的余额。它首先应该用于补偿固定成本，补偿固定成本之后还有余额，才能为企业提供利润。如果贡献毛益不足以补偿发生的固定成本，则企业将发生亏损。

$$单位贡献毛益 = 销售单价 - 单位变动成本$$

$$贡献毛益率 = \frac{单位贡献毛益}{销售单价} \times 100\%$$

2. 所谓“保本点”是指企业经营达到不盈不亏的状态，即利润为0的平衡状态。保本点通常有两种表现形式：一种是实物量表现，称为“保本销售量”，即销售多少量的产品才能保本；另一种是用货币金额来表示，叫作“保本销售额”，即销售多少金额的产品才能保本。

【例6】假定某出版社20×4年将要出版一种新书，已知每本新书的单位变动成本为20元，固定成本为50000元，销售单价定为45元。通过征订，预计20×4年可以售出6000本。

要求：

（1）预计该出版社20×4年出售此种新书可获得的利润。

（2）预计该出版社出售该书的单位贡献毛益和贡献毛益总额。

（3）计算出版该书的保本销售量和保本销售额。

解：

（1）利润总额 $=45\times6000-20\times6000-50000=100000$（元）

（2）单位贡献毛益 $=45-20=25$（元）

贡献毛益总额 $=25\times6000=150000$（元）

（3）保本点销售量 $=50000/25=2000$（本）

保本点销售额 $=2000\times45=90000$（元）

用 Python 程序表示为：

```
#计算利润总额
#(price,TVC,num,cost)=(销售单价,变动成本,销售数量,固定成本)
def profit(price,TVC,num,cos):#利润总额=(销售单价-变动成本)* 销售数量-固定成本
    profit = (price-TVC)* num-cos
    return profit
#单位贡献毛益(gross_profit),贡献毛益总额(TCGP)
def gross_profit(price,TVC,num):#单位贡献毛益=(销售单价-变动成本),贡献毛益总额=单位贡献毛益* 销售数量
    gross_profit=price-TVC
    TCGP=gross_profit* num
    print(f'(2)单位贡献毛益为:{gross_profit}元,贡献毛益总额为:{TCGP}元\n')
    return gross_profit
#保本销售量(min_num)和保本销售额(min_sales)
def min_num(gross_profit,price,cos):#保本销售量=固定成本/单位贡献毛益,保本销售额=保本销售量* 销售单价
```

```
    min_num = cos/gross_profit
    min_sales = min_num* price
    print(f'(3)保本销售量为:{int(min_num)}本,保本销售额为:{int(min_
sales)}元\n')
price=int(input("请输入销售单价:"))
TVC=int(input("请输入变动成本:"))
num=int(input("请输入销售数量:"))
cos=int(input("请输入固定成本:"))
print(f'(1)预计该出版社 20×4 年出售此种新书可获得利润为:{profit(price,
TVC,num,cos)}元\n')#输出问题一结果
gross=gross_profit(price,TVC,num)
min_num(gross,price,cos)
```

代码运行结果：

```
请输入销售单价:45
请输入变动成本:20
请输入销售数量:6000
请输入固定成本:50000
(1)预计该出版社 20×4 年出售此种新书可获得利润为:100000 元
(2)单位贡献毛益为:25 元,贡献毛益总额为:150000 元
(3)保本销售量为:2000 本,保本销售额为:90000 元
```

四、应收账款适时分析

企业平时应对应收账款实行监控，其目的在于及时收回货款和尽量减少坏账损失，全面了解账款的收回情况，以便根据客户偿付货款的不同情况采取不同的对策。既要尽量维护和拓宽销售渠道，又要及时发现拖欠货款，甚至无理拒付货款的客户，并及时处理，力求降低信用成本。

【例 7】假设现在时间为 20×4 年 6 月 30 日，某公司应收账款各明细账月末余额如下：

客户名称	金额	票据编号	开票日期	信用期限
广西平果砖瓦厂	440950.00	1041	20×4.03.10	3 个月
湖南长沙华强公司	56000.00	1077	20×4.03.20	6 个月
福建昌平建材厂	442120.00	1158	20×4.05.25	1 个月
长沙重型机床厂	118000.00	1223	20×4.06.03	3 个月
长沙湘江水电设备总公司	124600.00	1333	20×4.06.15	1 个月

要求：帮该企业建立应收账款台账，以随时反映各客户欠款金额和欠款日期等信息，进行账龄分析。

解：参考 Python 程序如下：

```
import pandas as pd
import time
def count_day(day1, day2):
    time_array1 = time.strptime(day1, "%Y-%m-%d")
    timestamp_day1 = int(time.mktime(time_array1))
    time_array2 = time.strptime(day2, "%Y-%m-%d")
    timestamp_day2 = int(time.mktime(time_array2))
    result = (timestamp_day2 -timestamp_day1) // 60 // 60 // 24
    return result
data = {'客户名称':['广西平果砖瓦厂','湖南长沙华强公司','福建昌平建材厂',
'长沙重型机床厂','长沙湘江水电设备总公司'],
    '金额':['440950.00','56000.00','442120.00','118000.00',
'124600.00'],
    '票据编号':['1041','1077','1158','1223','1333'],
    '开票日期':['20×4-03-10','20×4-03-20','20×4-05-25','20×4-06-03',
'20×4-06-15'],
    '信用期限':['3','6','1','3','1']
    }
df = pd.DataFrame(data,index=[1,2,3,4,5]) #制表
#print(df)
date = "20×4-06-30"
for i in range(1,6):
    day_diff = count_day(df.开票日期[i],date)
    credit_date = int(df.信用期限[i])* 30
    k = day_diff - credit_date #计算时间差
    name = df.客户名称[i]
    if k < 0 :
        money = round(float(df.金额[i])* 1.01,1)
        print(f'{name}的应收账款还未到期,当前欠款总额为:{money}元')
    elif k < 180 :
        money = round(float(df.金额[i])* 1.03,1)
        print(f'{name}的应收账款已到期,但未超 6 个月,当前欠款总额为:
{money}元')
```

五、净现值分析

净现值（NPV），是指某一投资项目未来使用期内现金净流入量的总现值（以下简称未来报酬总现值），与其投资期内现金流出量的总现值（以下简称初始投资总现值）的差额。净现值法的基本原理是将某投资项目在不同时间所产生的全部现金流量，按照预定的贴现率折现成为在时间上具有可比性的价值量（某一特定时点的现金流量），据以计算投资项目现金流入量现值与现金流出量现值的差额（计为净现值）。净现值计算使用的预定折现率通常是投资者的期望报酬率，因此若净现值为正数，表明投资不仅能获得符合预定报酬的期望利益，而且还可得到以正值差额表示的现值利益，这在经济上是有利的；反之，若净现值为负数，则表明投资项目实际收益率低于预定贴现率，投资在经济上是不合算的。

【例 8】假定金华公司准备在 2023 年开发一项新投资项目，其方案有关资料如下：

项目	第 0 年	第 1 年	第 2 年	第 3 年	第 4 年	第 5 年
固定资产投资	-24000					
营运资金垫支	-3000					
营业现金流量		8900	8760	8620	8480	8340
固定资产残值						4000
营运资金回收						3000
现金流量合计	-27000	8900	8760	8620	8480	15340

假设资金成本率为 12%，请计算该项目的净现值，判断项目是否可行。

解：

$$NPV = \frac{8900}{(1+12\%)} + \frac{8760}{(1+12\%)^2} + \frac{8620}{(1+12\%)^3} + \frac{8480}{(1+12\%)^4} + \frac{15340}{(1+12\%)^5} - 27000$$

$$= 8157.92 \text{ 元}$$

NPV>0，投资项目可行。

参考 Python 程序如下：

```
def NPV(SUM_1,SUM_2,SUM_3,SUM_4,SUM_5,CC_rate,a):
    NPV=SUM_1/(1+CC_rate)+SUM_2/(1+CC_rate)* * 2+SUM_3/(1+CC_rate)
* * 3+SUM_4/(1+CC_rate)* * 4+SUM_5/(1+CC_rate)* * 5+a
    return NPV
a=int(input("第 0 年现金流量合计:"))
SUM_1=int(input("第 1 年现金流量合计:"))
SUM_2=int(input("第 2 年现金流量合计:"))
SUM_3=int(input("第 3 年现金流量合计:"))
```

```
SUM_4=int(input("第 4 年现金流量合计:"))
SUM_5=int(input("第 5 年现金流量合计:"))
CC_rate=float(input("资金成本率为:"))
npv=NPV(SUM_1,SUM_2,SUM_3,SUM_4,SUM_5,CC_rate,a)
print("npv 为:",npv)
if npv >0:
    print("该项目可行!")
else:
    print("项目不可行!!!")
```

代码运行结果：

```
第 0 年现金流量合计:-27000
第 1 年现金流量合计:8900
第 2 年现金流量合计:8760
第 3 年现金流量合计:8620
第 4 年现金流量合计:8480
第 5 年现金流量合计:15340
资金成本率为:0.12
npv 为: 8158.913946523389
该项目可行!
```

第二节　Python 在财务分析中的应用

一、Python 企业偿债能力分析

（一）偿债能力分析概述

偿债能力是指企业偿还到期债务的能力。通过企业偿债能力的分析，可以了解企业的财务状况，把握企业面临的财务风险，了解企业的筹资潜力，为企业理财活动提供参考。偿债能力分析主要包括以下两个方面内容。

1. 短期偿债能力分析。短期偿债能力是指企业流动资产与流动负债的对比关系。常用的指标有：

（1）流动比率 $=\dfrac{流动资产}{流动负债}\times 100\%$

（2）速动比率 $= \frac{\text{速动资产}}{\text{流动负债}} \times 100\% = \frac{\text{货币资金} + \text{交易性金融资产} + \text{应收账款}}{\text{流动负债}} \times 100\%$

（3）现金比率 $= \frac{\text{现金类资产}}{\text{流动负债}} \times 100\%$

2. 长期偿债能力分析。长期偿债能力是指企业保证未来到期（一般一年以上）债务及时偿付的可靠程度。常用的财务指标有：

（1）资产负债率 $= \frac{\text{负债总额}}{\text{资产总额}} \times 100\%$

（2）已获利息倍数 $= \frac{\text{息税前利润}}{\text{实际利息支出}} \times 100\%$

（3）股东权益比率 $= \frac{\text{股东权益总额}}{\text{资产总额}} \times 100\%$

（二）企业偿债能力的 Python 程序实现

1. Python 企业偿债能力数据爬取

（1）模块引入

```
import tushare as ts
import matplotlib.pyplot as plt
import numpy as np
```

分别引入了财务模块、可视化模块与计算科学模块。

（2）时间参数定义

```
scode ='600588'
timelist=[2010,2011,2012,2013,2014]
year1=2010
year2=2011
year3=2012
year4=2013
year5=2014
```

定义企业代码‘600588’，时间年限为连续的5年，2010年到2014年。这些参数是可以修改的。

（3）时间处理

```
def get_operation_data(year1, year2, year3, year4, year5, scode):
    timelist = []
    timelist.append(year1)
    timelist.append(year2)
    timelist.append(year3)
```

```
    timelist.append(year4)
    timelist.append(year5)
```

将传入的时间参数转化为列表。

（4）初始化数组

```
currentratio = []  #流动比率
quickratio = []  #速动比率
cashratio = []  #现金比率
icratio = []  #利息支付倍数
sheqratio = []  #股东权益比率
adratio = []  #股东权益增长率
```

初始化数组,用于保存数据。

（5）获取财务数据

```
for i in timelist:
    debtpaying_data = ts.get_debtpaying_data(i, 4)
    debtpaying_data.index = debtpaying_data.code
    data = debtpaying_data[debtpaying_data.index == scode]
    currentratio.append(float(data.currentratio))
    quickratio.append(float(data.quickratio))
    cashratio.append(float(data.cashratio))
    icratio.append(float(data.icratio))
    sheqratio.append(float(data.sheqratio))
    adratio.append(float(data.adratio))
```

爬取所需对的财务数据。

2. Python 企业偿债能力财务数据展示

（1）流动比率折线图（图 9-1）

具体代码如下：

```
plt.figure(figsize=(12, 6))
ind = np.arange(5)
#流动比率折线图
plt.subplot(231)
plt.title('CurrentRatio')
plt.plot(currentratio, 'r', label='CurrentRatio')
plt.xticks(ind, (year1, year2, year3, year4, year5))
plt.show()
```

输出结果：

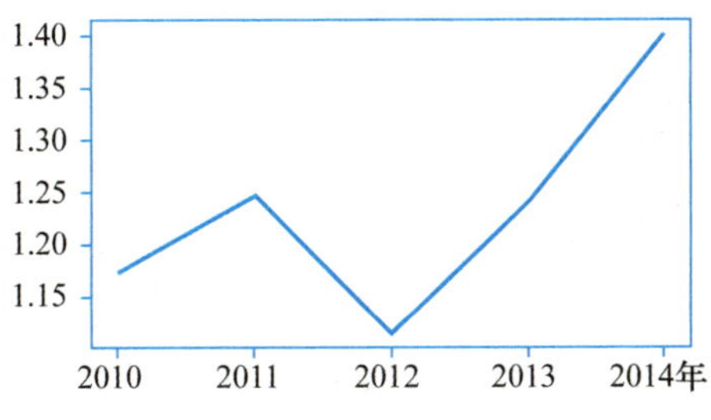

图 9-1 流动比率折线图

流动比率从 2012 年以后逐年上升，短期偿债能力逐渐走强，没有经营风险。

（2）速动比率折线图（图 9-2）

具体代码如下：

```
#速动比率折线图
plt.subplot(232)
plt.title('QuickRatio')
plt.plot(quickratio, 'g', label='QuickRatio')
plt.xticks(ind, (year1, year2, year3, year4, year5))
plt.show()
```

输出结果：

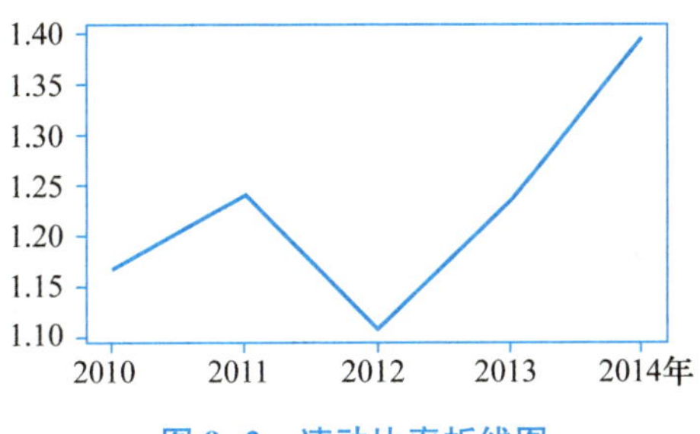

图 9-2 速动比率折线图

企业速动比率从 2011 年到 2012 年有所下降，但是始终大于 1，虽然偿债能力下降，但是从 2012 年之后逐渐走强，没有经营风险。

（3）现金比率折线图（图 9-3）

具体代码如下：

```
#现金比率折线图
plt.subplot(233)
plt.title('CashRatio')
plt.plot(cashratio, 'b', label='CashRatio')
plt.xticks(ind, (year1, year2, year3, year4, year5))
plt.show()
```

输出结果如下：

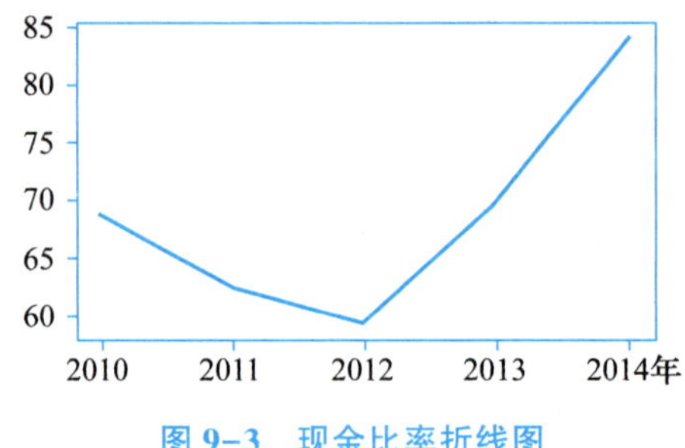

图 9-3　现金比率折线图

（4）利息支付倍数折线图（图 9-4）

具体代码如下：

```
#利息支付倍数折线图
plt.subplot(234)
plt.title('Interest Coverage Ratio')
plt.plot(icratio, 'r', label='Interest Coverage Ratio')
plt.xticks(ind, (year1, year2, year3, year4, year5))
plt.show()
```

输出结果如下：

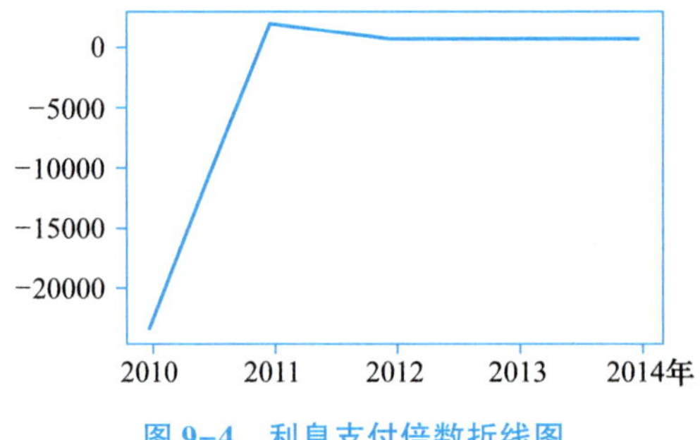

图 9-4　利息支付倍数折线图

利息支付倍数从 2011 年到 2014 年的绝对值增加，说明收入占利息的倍数越来越大，偿债能力上升。

（5）股东权益比率折线图（图 9-5）

具体代码如下：

```
#股东权益比率折线图
plt.subplot(235)
plt.title('EquityRatio')
plt.plot(sheqratio, 'g', label='EquityRatio')
plt.xticks(ind, (year1, year2, year3, year4, year5))
plt.show()
```

输出结果如下：

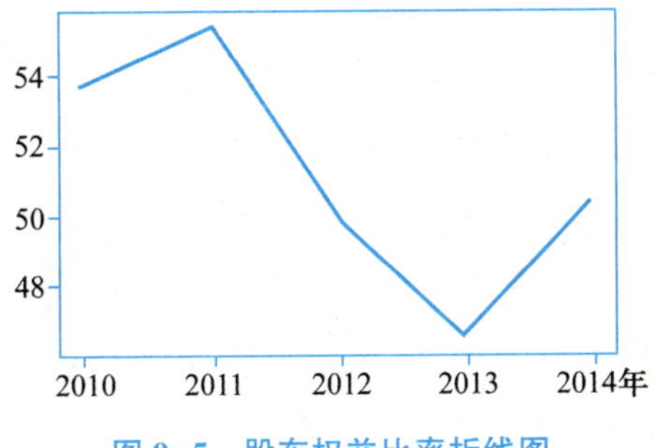

图 9-5　股东权益比率折线图

股东权益比率逐年下降，说明债务比例增加，长期的偿债能力减弱，但是股东权益占比 50%，属于合理范围。

（6）股东权益增长率折线图（图 9-6）

具体代码如下：

```
#股东权益增长率折线图
plt.subplot(236)
plt.title('Equity Growth(%)')
plt.plot(adratio, 'b', label='Equity Growth')
plt.xticks(ind, (year1, year2, year3, year4, year5))
plt.show()
```

输出结果如下：

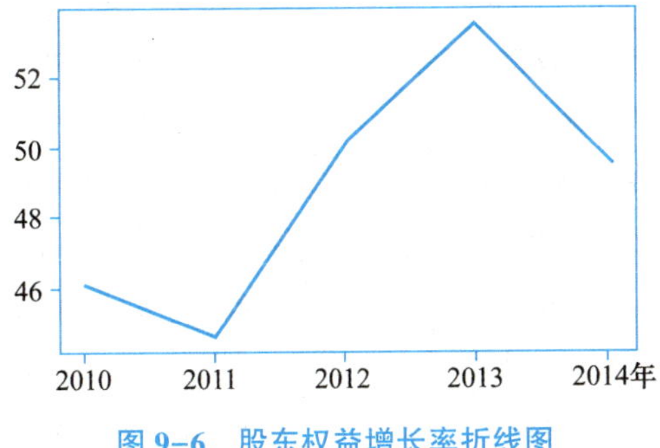

图 9-6　股东权益增长率折线图

股东权益增长率逐年上升，增加了长期的偿债能力。

二、Python 企业盈利能力分析

（一）企业盈利能力分析概述

上市公司创造价值有两种途径——经营业务和金融业务。经营业务通过出售产品或者

服务来创造价值；（非金融企业的）金融业务通过存放闲余资金，当需要时可变现用于经营投资或支付股利。

我们通常假设企业不会在金融业务中创造剩余价值，尤其在价值公允的交易当中，企业预期只会获得平均的市场报酬。那么价值只会从企业的经营业务中产生，因此我们专注于分析企业的经营能力，从而找到影响企业价值的关键因素，并尝试分析它的可持续性。这与传统的杜邦分析法有些区别，它没有将企业拆分为经营业务与金融业务来分析。

金融性资产：指作为现金临时存放形式的资产，当需要时，可将其变现换回现金用于经营投资或者支付股利，也被称为有价证券。

金融性负债：指企业因为筹集经营所需要的资金或者支付股利所需要的资金而承担的支付义务。

经营性资产：指企业在经营（通过出售产品或者服务来创造价值）过程中所使用的资产。

经营性负债：指企业在经营（通过出售产品或者服务来创造价值）过程中承担的支付义务。

经营利润：指企业在经营活动中所获得的价值净增加额的会计计量值。

经营性资产包括存货、应收账款、预付款项等，经营性负债包括应付账款、预收款项等，金融性资产包括货币资金（绝大部分）、交易性金融资产、债券投资等，金融性负债包括短期借款、长期借款、应付利息等。

在实践过程中利用 Python 和 tushare 数据给我们节省工作量。

以用友股份（600588）为例：

	年度	ROIC	ROCE(%)	ROE(%)
0	20201231	9.517547	13.348581	12.408535
1	20191231	10.369432	17.114746	16.479855
2	20181231	6.600943	8.678821	10.215782
3	20171231	5.661352	7.524862	9.216654
4	20161231	2.707490	3.562347	3.961276
5	20151231	3.995011	6.847371	6.572914
6	20141231	8.463428	15.282528	14.617460
7	20131231	10.711880	17.580465	17.636417
8	20121231	8.905845	12.808331	12.737940
9	20111231	14.817081	19.358413	19.498484
10	20091231	15.654546	16.659212	17.285499
11	20081231	19.231298	0.000000	0.000000
12	20071231	14.841182	0.000000	0.000000
13	20061231	12.934957	0.000000	0.000000

数据依次表示：投入资本回报率，加权后的普通股权益报酬率，加权后的归母权益报酬率。

首先可以看到几个关键指标：ROIC（投入资本回报率），ROCE（加权后的普通股权益报酬率），ROE（加权后的归母权益报酬率）。数值和一些财经软件上看到的不同，偏差可能来自：

1. 年初和年末净资产做了加权平均处理；
2. 考虑了综合收益；
3. 数据误差（概率很小）。

	年度	FLEV	NBC(%)	RNOA(%)
0	20201231	-0.434593	1.963306	20.437135
1	20191231	-0.415958	11.414294	20.087571
2	20181231	-0.287355	0.601276	14.092584
3	20171231	-0.272548	-1.876002	13.372651
4	20161231	-0.361974	-0.340706	6.401933
5	20151231	-0.293854	4.999941	7.227487
6	20141231	-0.166571	-6.551649	18.848370
7	20131231	-0.091933	1.025742	19.318085
8	20121231	-0.188360	-6.702312	17.249517
9	20111231	-0.422319	-1.266915	34.679221
10	20091231	-0.652706	14.725621	22.096553
11	20081231	-0.761364	-17.254013	55.048508
12	20071231	-0.744807	-17.142998	50.033581
13	20061231	-0.584973	-17.123619	24.135462

数据依次表示：金融杠杆，金融费用，税前金融费用，净经营资产报酬率

金融杠杆 FLEV ＝ 净金融负债/净资产

净经营资产报酬率 RNOA － 经营利润/净经营资产

ROCE ＝ RNOA＋［FLEV＊（RNOA － NBC）］代入数据求出金融费用 NBC（税后）

税前金融费用=财务费用-（投资收益-对联营企业和合营企业投资收益）-公允价值变动收益

	年度	ROOA(%)	OLLEV	PM(%)	ATO	ATO倒数
0	20201231	12.576229	1.037575	12.522008	1.632097	0.612709
1	20191231	13.046876	0.874960	12.073690	1.663747	0.601053
2	20181231	10.391587	0.686439	9.900648	1.423400	0.702543
3	20171231	10.104369	0.640291	10.524327	1.270642	0.787004
4	20161231	5.857907	0.634132	5.254957	1.218265	0.820839
5	20151231	6.424570	0.563621	6.261052	1.154356	0.866284
6	20141231	13.623331	0.605919	14.227862	1.324751	0.754859
7	20131231	13.756518	0.635135	12.984030	1.487834	0.672118
8	20121231	12.156760	0.711601	10.141530	1.700879	0.587931
9	20111231	20.660504	0.895164	13.892104	2.496326	0.400589
10	20091231	12.427728	1.301720	7.940332	2.782825	0.359347
11	20081231	25.636166	1.425281	17.870421	3.080426	0.324630
12	20071231	28.427537	0.922250	18.075277	2.768067	0.361263
13	20061231	17.492359	0.531773	12.103057	1.994163	0.501464

数据依次表示：经营资产报酬率，经营杠杆，经营利润率，净经营资产周转率，周转率倒数。

经营资产报酬率 ROOA =（经营利润+隐含利息）/经营资产

其中隐含利息=短期借款利率×经营负债，我默认假设短期借款利率是 5%，它代表占用上下游的应付款不可能是白白拿别人的资源，实际是有利息费用隐藏在内的，比如供应商实际会抬高供应价格以应对公司的延期付款。

经营杠杆 OLLEV =经营性负债/净经营性资产

经营杠杆代表了公司占用上下游资源的能力，杠杆越高则占用上下游资金越多，一定程度上代表公司对上下游的议价能力强。

经营利润率=经营利润/营业收入

净经营资产周转率=营业收入/净经营性资产

因为 RNOA = PM×ATO，即净经营资产报酬率受到利润率和周转率两个因素影响，所以可以看到公司近三年经营利润率和周转率的提高（下列数据），共同带来了 RNOA 的提高。

	年度	毛利率(%)	管理费用率(%)	销售费用率(%)	税金及附加费用率(%)	研发费用率(%)	销售活动实现的税前利润率(%)	销售活动所得税费用率(%)	销售活动税后利润率(%)
0	20201231	61.046956	11.255614	18.024479	1.159252	17.111414	13.496197	0.948706	12.547492
1	20191231	65.424797	16.322755	19.199094	1.323433	19.156201	9.423314	-0.798494	10.221808
2	20181231	69.950974	19.016616	21.403300	1.431689	16.884993	11.214377	1.538759	9.675618
3	20171231	71.428876	36.795550	22.341981	1.494034	0.000000	10.797311	1.979483	8.817827
4	20161231	68.639593	39.718085	25.679276	1.424291	0.000000	1.817940	0.013440	1.804500
5	20151231	67.853026	38.713887	26.628361	1.646379	0.000000	0.864399	-1.383445	2.247844
6	20141231	67.521401	31.031418	24.978194	1.292642	0.000000	10.219147	0.024336	10.194811
7	20131231	62.285969	31.540228	20.474617	1.214755	0.000000	9.056368	0.353333	8.703035
8	20121231	84.064897	30.102676	45.749274	1.882549	0.000000	6.330398	0.251413	6.078985
9	20111231	84.871616	28.420770	44.045520	3.376304	0.000000	9.029022	-0.081726	9.110748
10	20091231	83.333337	28.051821	44.726021	2.694911	0.000000	7.860583	-2.649179	10.509763
11	20081231	87.695870	32.779338	45.136650	2.782988	0.000000	6.996894	-1.537297	8.534191
12	20071231	88.885933	32.486817	44.712620	2.627178	0.000000	9.059319	-2.805747	11.865066
13	20061231	90.057951	34.441862	47.666950	2.417480	0.000000	5.531659	-1.298236	6.829895

	年度	其他销售收入税后利润率(%)	营业外收支税后利润率(%)	其他综合收益利润率(%)	税后经营利润率
0	20201231	0.001434	0.049237	-0.076154	12.522008
1	20191231	1.945158	-0.006814	-0.086461	12.073690
2	20181231	1.128451	0.070277	-0.973697	9.900648
3	20171231	0.883198	0.113540	0.709762	10.524327
4	20161231	-1.685060	5.087751	0.047766	5.254957
5	20151231	-1.929361	5.891863	0.050707	6.261052
6	20141231	-1.364593	5.376590	0.021054	14.227862
7	20131231	-1.431242	5.737125	-0.024888	12.984030
8	20121231	-1.007973	5.037663	0.032856	10.141530
9	20111231	-0.578874	5.382803	-0.022572	13.892104
10	20091231	-0.072982	6.231865	-8.728314	7.940332
11	20081231	-0.146817	9.483047	0.000000	17.870421
12	20071231	0.045139	6.165072	0.000000	18.075277
13	20061231	-0.666544	5.939705	0.000000	12.103057

税后经营利润率实际就是PM。要从销售收入税后利润扣除一些次要利润后才能得到。

之所以说次要，第一是它们的占比少，假如占比多，那么就值得注意是否主业衰退，是否存在会计操纵，且估值时不能给它们太高权重（不过其他销售收入的可靠性还是要大于营业外收支和其他综合收益的）；第二是它们的持续性不强，通常是两三年期限的项目带来的收益，估值时千万不能将它们当作“永续业务”的收益来看待，一般我们给它们的期望值是0（对于其他销售收入税后利润率，其持续性较强，可以取历史均值）。

（二）企业盈利能力的 Python 程序实现

```
import tushare as ts
import numpy as np
import pandas as pd
import time

def get_income(one_code,start_date,end_date):
    while True:
        try:
            one_income = pro.income(ts_code=one_code, start_date=
start_date, end_date=end_date, report_type='1')
            break
        except Exception as exc:
            print(exc)
            time.sleep(5)
    return one_income

def get_cashflow(one_code,start_date,end_date):
    while True:
        try:
            one_cashflow = pro.cashflow(ts_code=one_code, start_date
=start_date, end_date=end_date, report_type='1')
            break
        except Exception as exc:
            print(exc)
            time.sleep(5)
    return one_cashflow
def get_balancesheet(one_code,start_date,end_date):
    while True:
        try:
            one_balancesheet = pro.balancesheet(ts_code=one_code,
start_date=start_date, end_date=end_date, report_type='1')
```

```
            break
        except Exception as exc:
            print(exc)
            time.sleep(5)
    return one_balancesheet

def get_fina_indicator(one_code,start_date,end_date,fields):
    while True:
        try:
            one_fina_indicator = pro.fina_indicator(ts_code=one_
code, start_date=start_date, end_date=end_date, fields=fields)
            break
        except Exception as exc:
            print(exc)
            time.sleep(5)
    return one_fina_indicator

def average_column(column):
    result = (column + column.shift(-1))/2
    result.iloc[-1] = column.iloc[-1]
    return result

token = input ('请输入你的token:>>>')
pro = ts.pro_api(token)
year_list = [str(i)+'1231'for i in range(2006,2021)]
ts_code = input('请输入你的股票代码:>>>')
'''
n_income:含少数股东净利润
fv_value_chg_gain:公允价值变动净收益
invest_income:投资净收益
ass_invest_income:对联营企业和合营企业投资收益
fin_exp:财务费用
oth_compr_income:其他综合收益
'''
```

```
one_income = get_income(ts_code,start_date='20061231',end_date=
'20211231')
one_income = one_income[one_income['end_date'].isin(year_list)]
one_income = one_income.drop_duplicates(subset=['end_date'],keep=
'first') #去重
one_income = one_income.reset_index(drop=True)
one_income = one_income.fillna(0)
one_income['金融费用'] = one_income.apply(lambda x: -x['fv_value_chg_
gain'] - x['invest_income'] +\
                    x['ass_invest_income'] + x['fin_exp'], axis=1)
one_income['经营利润'] = one_income.apply(lambda x: x['n_income'] + x
['oth_compr_income'] + 0.75* x['金融费用'], axis=1)
one_income['资本回报'] = one_income.apply(lambda x: x['n_income'] + x
['oth_compr_income'] + 0.75* x['int_exp'], axis=1)
one_income = one_income.rename(columns={'n_income':'净利润','end_
date':'年度'})

'''
total_hldr_eqy_inc_min_int:股东权益合计
minority_int:少数股东权益
total_assets:资产总计
total_liab:负债合计

金融资产项目.
money_cap:货币资金
trad_asset:交易性金融资产
int_receiv:应收利息
# nca_within_1y:一年内到期的非流动资产#忽略,可能低估金融资产
pur_resale_fa:买入返售金融资产
fa_avail_for_sale:可供出售金融资产
htm_invest:持有至到期投资
decr_in_disbur:发放贷款及垫款
deriv_assets:衍生金融资产
```

```
金融负债项目：
lt_borr:长期借款
st_borr:短期借款
trading_fl:交易性金融负债
int_payable:应付利息
st_bonds_payable:应付短期债券
non_cur_liab_due_1y:一年内到期的非流动负债
bond_payable:应付债券
deriv_liab:衍生金融负债

'''
financial_asset_list = ['money_cap','trad_asset','int_receiv','pur_
resale_fa','fa_avail_for_sale','htm_invest','decr_in_disbur',
'deriv_assets']
financial_debt_list = ['lt_borr','st_borr','trading_fl','int_
payable','st_bonds_payable','non_cur_liab_due_1y','bond_payable',
'deriv_liab']

one_balancesheet = get_balancesheet(ts_code,start_date='20061231',
end_date='20211231')
one_balancesheet = one_balancesheet[one_balancesheet['end_date']
.isin(year_list)]
one_balancesheet = one_balancesheet.drop_duplicates(subset=['end_
date'],keep='first') #去重
one_balancesheet = one_balancesheet.reset_index(drop=True)
one_balancesheet = one_balancesheet.fillna(0)
one_balancesheet['金融资产'] = one_balancesheet.apply(lambda x: x[fi-
nancial_asset_list].sum(), axis=1)
one_balancesheet['金融负债'] = one_balancesheet.apply(lambda x: x[fi-
nancial_debt_list].sum(), axis=1)
one_balancesheet['经营资产'] = one_balancesheet.apply(lambda x: x
['total_assets'] - x['金融资产'], axis=1)
one_balancesheet['经营负债'] = one_balancesheet.apply(lambda x: x
```

```
['total_liab'] - x['金融负债'], axis=1)
one_balancesheet['净金融负债'] = one_balancesheet.apply(lambda x: x
['金融负债'] - x['金融资产'], axis=1)
one_balancesheet['净经营资产'] = one_balancesheet.apply(lambda x: x
['经营资产'] - x['经营负债'], axis=1)
one_balancesheet = one_balancesheet.rename(columns={'end_date':'年
度','minority_int':'少数股东权益','total_hldr_eqy_inc_min_int':'股东
权益合计'})

table = pd.merge(one_income,one_balancesheet)
table[table.select_dtypes(include=['float64']).columns] /= 1e8 #单位
换算为亿元

'''
rd_exp:研发费用
'''
one_fina_indicator = get_fina_indicator(ts_code,start_date=
'20061231',end_date='20211231',fields='end_date,rd_exp')
one_fina_indicator = one_fina_indicator[one_fina_indicator['end_
date'].isin(year_list)]
one_fina_indicator = one_fina_indicator.drop_duplicates(subset=
['end_date'],keep='first') #去重
one_fina_indicator = one_fina_indicator.reset_index(drop=True)
one_fina_indicator = one_fina_indicator.fillna(0)
one_fina_indicator[one_fina_indicator.select_dtypes(include=
['float64']).columns] /= 1e8 #单位换算为亿元
one_fina_indicator = one_fina_indicator.rename(columns={'end_date':
'年度'})
table = pd.merge(table,one_fina_indicator)

table['ROIC'] = table['资本回报'] / (table['股东权益合计'] + table['金融
负债'])* 100
table['ROCE(%)'] = table['compr_inc_attr_p'] / average_column(table
['total_hldr_eqy_exc_min_int'])* 100
```

```
table['ROE(%)'] = table['t_compr_income'] / average_column(table['股东权益合计'])* 100
table['FLEV'] =  average_column(table['净金融负债']) / average_column(table['total_hldr_eqy_exc_min_int'])
table['RNOA(%)'] = table['经营利润'] / average_column(table['净经营资产'])* 100
table['ROOA(%)'] = (table['经营利润'] + 0.05* average_column(table['经营负债'])) / average_column(table['经营资产'])* 100
table['OLLEV'] = average_column(table['经营负债']) / average_column(table['净经营资产'])
table['NBC(%)'] = table['RNOA(%)'] - (table['ROE(%)'] - table['RNOA(%)']) / table['FLEV']
table['税前NBC(%)'] = table['金融费用'] / table['净金融负债']* 100
table['PM(%)'] = table['经营利润'] / table['total_revenue']* 100
table['ATO'] = table['total_revenue'] / average_column(table['净经营资产'])
table['ATO倒数'] = 1 / table['ATO']

#经营利润率影响因素
table['毛利率(%)'] = (table['total_revenue'] - table['oper_cost']) / table['total_revenue']* 100
table['管理费用率(%)'] = table['admin_exp'] / table['total_revenue']* 100
table['销售费用率(%)'] = table['sell_exp'] / table['total_revenue']* 100
table['税金及附加费用率(%)'] = table['biz_tax_surchg'] / table['total_revenue']* 100
table['研发费用率(%)'] = table['rd_exp'] / table['total_revenue']* 100
table['销售活动实现的税前利润率(%)'] = table['毛利率(%)'] - table['管理费用率(%)'] - table['销售费用率(%)'] -\
                                table['研发费用率(%)'] - table['税金及附加费用率(%)']
```

```
table['其他销售收入税前利润率(%)'] = (table['operate_profit'] + table
['金融费用']) / table['total_revenue']* 100 -\
                                table['销售活动实现的税前利润率(%)']
table['其他销售收入税后利润率(%)'] = table['其他销售收入税前利润率(%)']
* 0.75
table['营业外收支税前利润率(%)'] = (table['non_oper_income'] - table
['non_oper_exp']) / table['total_revenue']* 100
table['营业外收支税后利润率(%)'] = table['营业外收支税前利润率(%)']
* 0.75
table['销售活动所得税费用率(%)'] = (table['income_tax'] + 0.25* table
['金融费用']) / table['total_revenue']* 100 -\
                           table['其他销售收入税前利润率(%)']* 0.25 - ta-
ble['营业外收支税前利润率(%)']* 0.25
table['销售活动税后利润率(%)'] = table['销售活动实现的税前利润率(%)'] -
table['销售活动所得税费用率(%)']
table['其他综合收益利润率(%)'] = table['oth_compr_income'] / table
['total_revenue']* 100
table['税后经营利润率'] = table['销售活动税后利润率(%)'] + table['其他销
售收入税后利润率(%)'] +\
                        table['营业外收支税后利润率(%)'] + table['其他综合
收益利润率(%)']

#资产周转率影响因素(倒数)
table['应收票据周转率'] = average_column(table['notes_receiv']) /
table['total_revenue']
table['应收账款周转率'] = average_column(table['accounts_receiv']) /
table['total_revenue']
table['存货周转率'] = average_column(table['inventories']) / table
['total_revenue']
table['预付账款周转率'] = average_column(table['prepayment']) / table
['total_revenue']
table['固定资产与在建工程周转率'] = average_column(table['fix_assets']
+ table['cip']) / table['total_revenue']
table['商誉周转率'] = average_column(table['goodwill']) / table
```

```
['total_revenue']
table['无形资产周转率'] = average_column(table['intan_assets']) / table['total_revenue']
table['其他应收款周转率'] = average_column(table['oth_receiv'] - table['int_receiv']) / table['total_revenue']
table['投资性房地产周转率'] = average_column(table['invest_real_estate']) / table['total_revenue']
table['长期股权投资周转率'] = average_column(table['lt_eqt_invest']) / table['total_revenue']
table['其他流动与非流动资产周转率'] = average_column(table['oth_cur_assets'] + table['oth_nca']) / table['total_revenue']
table['其他资产周转率'] = average_column(table['经营资产']) / table['total_revenue'] -\
                    table['应收票据周转率'] - table['应收账款周转率'] - table['存货周转率'] - table['预付账款周转率'] -\
                    table['固定资产与在建工程周转率'] - table['商誉周转率'] - table['无形资产周转率'] - table['其他应收款周转率'] -\
                    table['投资性房地产周转率'] - table['长期股权投资周转率'] - table['其他流动与非流动资产周转率']
table['经营性资产周转率'] = average_column(table['经营资产']) / table['total_revenue']

table['应付票据周转率'] = average_column(table['notes_payable']) / table['total_revenue']
table['应付账款周转率'] = average_column(table['acct_payable']) / table['total_revenue']
table['预收款项周转率'] = average_column(table['adv_receipts']) / table['total_revenue']
table['应付职工薪酬周转率'] = average_column(table['payroll_payable']) / table['total_revenue']
table['应交税费周转率'] = average_column(table['taxes_payable']) / table['total_revenue']
table['其他应付款周转率'] = average_column(table['oth_payable'] - table['int_payable']) / table['total_revenue']
```

```
table['其他流动与非流动负债周转率'] = average_column(table['oth_cur_liab'] + table['oth_nca']) / table['total_revenue']
table['其他负债周转率'] = average_column(table['经营负债']) / table['total_revenue'] - table['应付票据周转率'] - table['应付账款周转率'] -\
                         table['预收款项周转率'] - table['应付职工薪酬周转率'] - table['应交税费周转率'] -\
                         table['其他应付款周转率'] - table['其他流动与非流动负债周转率']
table['经营性负债周转率'] = average_column(table['经营负债']) / table['total_revenue']
table2 = table.copy()
table2 = table2[['年度','ROIC','ROCE(%)','ROE(%)','FLEV','NBC(%)','税前NBC(%)','RNOA(%)','ROOA(%)','OLLEV','PM(%)','ATO','ATO倒数','毛利率(%)',\
           '管理费用率(%)','销售费用率(%)','税金及附加费用率(%)','研发费用率(%)','销售活动实现的税前利润率(%)','销售活动所得税费用率(%)',\
           '销售活动税后利润率(%)','其他销售收入税后利润率(%)','营业外收支税后利润率(%)','其他综合收益利润率(%)','税后经营利润率',\
           '应收票据周转率','应收账款周转率','存货周转率','预付账款周转率','固定资产与在建工程周转率','商誉周转率','无形资产周转率',\
           '其他应收款周转率','投资性房地产周转率','长期股权投资周转率','其他流动与非流动资产周转率',\
           '其他资产周转率','经营性资产周转率','应付票据周转率','应付账款周转率','预收款项周转率','应付职工薪酬周转率','应交税费周转率',\
           '其他应付款周转率','其他流动与非流动负债周转率','其他负债周转率','经营性负债周转率']]

print(table2)
sheet_writer = pd.ExcelWriter(f'{ts_code}.xlsx')
table2.to_excel(sheet_writer, sheet_name='获利能力分析表', index=False)
sheet_writer.save()
sheet_writer.close()
```

第三节 Python 数据分析案例实战

一、电商零售的分析案例

电商的本质即为零售。如今零售业所面临最大的挑战就是顾客和市场需求复杂多变。只有实时的数据分析和反馈才能适应更快的变化。零售的本质离不开“人、货、场”这三个核心。本节将围绕这三个核心，对某大型全球超市 4 年（2011—2014 年）的零售数据进行分析，对提升企业运营效率与营收提出有效的建议①。

（一）问题分析

1. 问题提出

本节将基于某大型超市的零售数据，对以下问题进行数据分析，分析提升企业的整体营收的策略。

（1）企业整体运营情况分析。了解运营现状并对未来经营战略作出调整与预测。

（2）商品结构分析。了解企业不同商品销售情况，找出到底哪些商品能够获得消费者青睐，哪些商品应该淘汰？什么价格的商品最有吸引力？给出后续不同商品运营的建议。

（3）客户价值分析。了解企业客户结构，以及新客户获取率与老客户留存、复购情况，找出价值用户。

2. 分析思路

（1）企业整体运营情况分析。运用多维度拆解法，从企业销售额、利润、利润率、增长率、不同门店销售情况、促销活动销售情况进行分析，综合了解企业运营现状。

（2）商品结构分析。运用对比分析法分别从销售额、销量 top10 与末尾 top10 对商品进行分析，同时对每类商品进行价格带分析与关联销售分析。

（3）客户价值分析。从整体角度了解企业客户结构，然后从新老客户数量及占比情况分析新客户获取率与老客户留存、复购情况，并运用 RFM 模型对客户进行价值分类。

---

① 引用自知乎网站：https：//zhuanlan. zhihu. com/p/77064569《Python 数据分析案例实战 - 电商零售》。

3. 分析涉及指标（图 9-7）

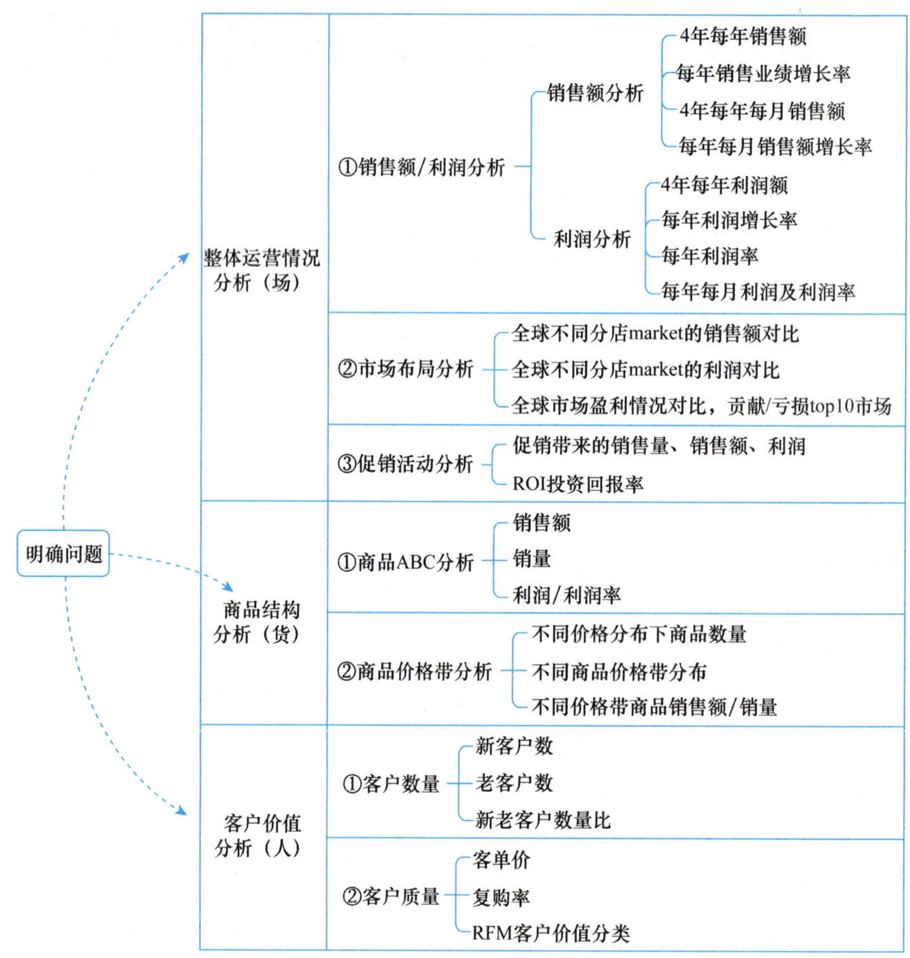

图 9-7　分析涉及指标

（二）数据分析

1. 采集数据

数据来源于公开数据，数据集总共 51290 条数据，24 个字段，是某大型全球超市 4 年（2011—2014 年）的零售数据。

2. 导入数据

```
#导入 pandas 包
import numpy as np
import pandas as pd

#导入 matplotlib 进行图表可视化展示
```

```
import matplotlib.pyplot as plt
%matplotlib inline

#读取数据
data=pd.read_excel('superstore_data2011-2014.xlsx',encoding='utf8')
```

3. 数据预处理

```
#查看数据集信息,打印前 5 行,总共有 24 列。
data.head()
```

	Row ID	Order ID	Order Date	Ship Date	Ship Mode	Customer ID	Customer Name	Segment	City	State	...	Produc ID
0	42433	AG-2011-2040	1/1/2011	6/1/2011	Standard Class	TB-11280	Toby Braunhardt	Consumer	Constantine	Constantine	...	OFF-TEN-10000C
1	22253	IN-2011-47883	1/1/2011	8/1/2011	Standard Class	JH-15985	Joseph Holt	Consumer	Wagga Wagga	New South Wales	...	OFF-SU 10006
2	48883	HU-2011-1220	1/1/2011	5/1/2011	Second Class	AT-735	Annie Thurman	Consumer	Budapest	Budapest	...	OFF-TEN-10001E
3	11731	IT-2011-3647632	1/1/2011	5/1/2011	Second Class	EM-14140	Eugene Moren	Home Office	Stockholm	Stockholm	...	OFF-PA 100014
4	22255	IN-2011-47883	1/1/2011	8/1/2011	Standard Class	JH-15985	Joseph Holt	Consumer	Wagga Wagga	New South Wales	...	FUR-FU 100034

数据集前 5 行，截取前 11 列数据展示，中间数据省略未显示。

```
#查看数据集大小,有多少行,多少列
data.shape
```

运行结果：

```
(51240, 24)

#查看每一列的数据类型
data.dtypes
```

```
Row ID              int64    #行编号
Order ID            object   #订单 ID
Order Date          object   #订单日期
Ship Date           object   #发货日期
Ship Mode           object   #发货模式
Customer ID         object   #客户 ID
Customer Name       object   #客户姓名
Segment             object   #客户类别
City                object   #客户所在城市
State               object   #客户城市所在州
Country             object   #客户所在国家
Postal Code         float64  #邮编
Market              object   #market 所属区域
Region              object   #market 所属洲
Product ID          object   #产品 ID
Category            object   #产品类别
Sub-Category        object   #产品自类别
Product Name        object   #产品名称
Sales               float64  #销售额
Quantity            int64    #销售量
Discount            float64  #折扣
Profit              float64  #利润
Shipping Cost       float64  #发货成本
Order Priority      object   #订单优先级
dtype: object
```

4. 数据清洗

(1) 数据格式转换

因后面要进行时间序列分析，以 Order Date 为时间维度，但 Order Date 现在是 object 格式，故先对 Order Date 进行数据清洗，转换为时间格式，后面分析都要用到。

```
#数据前后的日期格式不一样,将所有日期格式统一为'%d-%m-%Y'格式
data['Order Date']=data['Order Date'].str.replace('/','-')
#对 data 中 Order Date 数据进行时间格式转换
data.loc[:,'Order   Date']=(
```

```
pd.to_datetime(data.loc[:,'Order Date'],format='%d-%m-%Y',errors=
'coerce'))
```

（2）数据排序

```
#对 data_new 进行按 Order Date 日期进行排序
data_s = data.sort_values (by = ' Order Date ', ascending = True, na_
position='first')
#截取年、月字段
from datetime import datetime
dt=data_s['Order Date'].astype(str)
dt=dt.apply(lambda x:datetime.strptime(x,'%Y-%m-%d'))
data_s['month']=dt.map(lambda x:x.month)
data_s['year']=dt.map(lambda x:x.year)

#添加产品单价列
data_s['price']=data_s['Sales']/data_s['Quantity']
```

（3）选择子集

以选择场（整体运营——销售情况分析）子集数据为例，后续分析暂不选择子集。

```
#选取销售分析数据子集
sales_data=data_s[['Order Date','Sales','Profit','year','month']]
sales_data.head()    #打印前5行
```

运行结果：

```
  Order Date    Sales    Profit   year  month
0  2011-01-01  44.865   -26.055  2011     1
1  2011-01-01  55.242    15.342  2011     1
2  2011-01-01  66.120    29.640  2011     1
3  2011-01-01  113.670   37.770  2011     1
4  2011-01-01  120.366   36.036  2011     1
```

（4）缺失数据检查

```
#查看每一列的数据类型,和数据总数
data_s.info()
```

运行结果：

```
<class 'pandas.core.frame.DataFrame'>
```

```
Int64Index: 51240 entries, 0 to 51239
Data columns (total 27 columns):
Row ID            51240 non-null int64
Order ID          51240 non-null object
Order Date        51240 non-null datetime64[ns]
Ship Date         51240 non-null object
Ship Mode         51240 non-null object
Customer ID       51240 non-null object
Customer Name     51240 non-null object
Segment           51240 non-null object
City              51240 non-null object
State             51240 non-null object
Country           51240 non-null object
Postal Code       9962 non-null float64
Market            51240 non-null object
Region            51240 non-null object
Product ID        51240 non-null object
Category          51240 non-null object
Sub-Category      51240 non-null object
Product Name      51240 non-null object
Sales             51240 non-null float64
Quantity          51240 non-null int64
Discount          51240 non-null float64
Profit            51240 non-null float64
Shipping Cost     51240 non-null float64
Order Priority    51240 non-null object
month             51240 non-null int64
year              51240 non-null int64
price             51240 non-null float64
dtypes: datetime64[ns](1), float64(6), int64(4), object(16)
memory usage: 10.9+ MB
```

结果显示 Postal Code 邮编有大量缺失数据，但邮编不影响我们分析，故暂不处理缺失数据。

（三）构建模型

运用多维度拆解法，从企业整体销售情况（销售额、利润额、利润率、增长率）、不同门店销售情况、促销活动销售情况进行分析，综合了解企业运营现状。

1. 计算4年销售额、利润额、销量、利润率

```
data_sale=data_s.groupby('year').sum()[['Sales','Profit','Quantity']]
data_sale['rate']=data_sale['Profit']/data_sale['Sales'] #计算利润率
data_sale
```

运行结果：

```
             Sales          Profit      Quantity    rate
year
2011      2.259245e+06    248848.55254    31410    0.110147
2012      2.677178e+06    307408.86370    38082    0.114826
2013      3.405012e+06    406875.82898    48087    0.119493
2014      4.299359e+06    504012.24366    60576    0.117230
#可视化展现
import matplotlib.pyplot as plt

year = ['2011','2012','2013','2014']
Sales = data_sale['Sales']
Profit = data_sale['Profit']
Quantity = data_sale['Quantity']
x = np.arange(len(year))
width = 0.2 #一个柱形图的宽度

plt.bar(x- width, Sales, width = width, facecolor = '#01386a', label =
'Sales')
plt.bar(x, Profit, width = width, label = 'Profit')
plt.bar(x + width, Quantity, width = width, label = ' Quantity ')
plt.ylim(0,4500000)
plt.xticks(x,year) # x轴刻度标签
plt.legend()#增加图例
plt.show()
```

运行结果：

图 9-8　整体经营情况柱形图

通过以上计算结果和图表（图 9-8）展示可以发现，某超市 2011—2014 年每年业绩呈现上升趋势，销售额、利润额、销售量、利润率都在上升，销售额从 2011 年的 226 万元到 2014 年的 430 万元，说明经营在逐步稳定。但是从销售额对比亚马逊/沃尔玛这种大型超市，还是有一定差距。

接下来看一下销售额、利润额、销量、利润率的同比增长率。

```
rate=data_sale.pct_change()
rate
```

运行结果：

```
          Sales       Profit      Quantity     rate
year
2011      NaN         NaN         NaN          NaN
2012      0.184988    0.235325    0.212416     0.042479
2013      0.271866    0.323566    0.262723     0.040648
2014      0.262656    0.238737    0.259717     -0.018943
```

从增长率来看，销售额、利润额、销售量、利润率从 2011 年到 2013 年均在稳步提升，其中 2013 年销售额增长率达到了 27.2%。从业绩增长率来看，对比沃尔玛公开数据显示（2012—2014 年均增长率为 4.5%），还是非常有竞争力的（但是沃尔玛的基数大，增长率会放缓，所以要结合销售额和增长率一起看）。

但我们也可以发现，2014 年的销售额、利润额、销售量、利润率的增长率相较 2013 年均有所回落，其中利润增长明显放缓，2014 年利润增长率为 23.9%，同比 2014 年销售额增长率有所降低。猜测 2014 年促销活动让利过多导致利润下降（后续可以在分析促销活动时进行验证)，但是利润率总体平稳，稳定在11%~12%之间。

此外，结合年度销售额/利润额/销量及增长率，再结合公司整体战略规划，可以预测或制定下一年度总销售额业绩指标。了解了超市整体销售额/利润/销量情况后，接下来对每年每月的销售额进行分析，了解不同月份的销售情况，找出是否有淡旺季之分，找出重点销售月份，以便制定经营策略与业绩月度及季度指标拆分。

2. 计算每年各月销售额、利润额、销量、增长率

```
data_sale_month=pd.pivot_table(data_s,index='month',columns='year',
values=['Sales','Profit','Quantity'],aggfunc='sum') #数据透视表
data_sale_month
```

运行结果：

	Profit				Quantity				Sales			
year	2011	2012	2013	2014	2011	2012	2013	2014	2011	2012	2013	2014
month												
1	8321.80096	10401.63764	26810.55968	28001.38626	1463	1845	2413	3122	98898.48886	135780.72024	199185.90738	241268.55566
2	12399.84098	15000.09618	23762.49610	19727.77196	1219	1473	2102	2474	91105.92098	100510.21698	167239.65040	184749.33556
3	15247.84026	17989.82516	23433.65462	37357.26052	1821	2233	2683	3722	145615.86736	163060.11516	198563.33012	263100.77262
4	12902.32438	17366.96722	19431.28284	23782.30120	2020	2250	2674	3594	116915.76418	161052.26952	177746.37684	242771.86130
5	12182.22790	29876.70374	28495.69410	33907.02574	2010	2921	3808	4287	146738.47410	208364.89124	260498.56470	288230.20614
6	23415.24702	34399.01762	45477.34140	43788.50190	3112	3666	5323	6004	215207.38022	256139.55442	396447.03590	401775.96820
7	5585.00352	15604.39882	28863.82720	28035.87258	1774	2316	3252	3637	115510.41912	145203.26112	229928.95200	258705.68048
8	23696.80352	43573.87858	31023.66846	53519.28536	3025	3818	4934	5821	207544.59122	303142.94238	326488.78936	456566.85236
9	35776.88394	27776.18034	38909.34418	67969.14440	3707	4205	5780	6832	290214.45534	289389.16564	376184.71568	481131.69970
10	25963.41834	30662.88270	42433.22258	58209.83476	2727	3563	3883	5876	199071.26404	252939.85020	293406.64288	422766.62916
11	32709.17772	31785.05520	48062.99670	62847.41630	4039	5185	5556	7703	298496.53752	323420.77190	373989.36010	555256.19300
12	40647.98400	32972.22050	50171.74112	46866.44268	4493	4607	5679	7504	333925.73460	338173.85460	405332.84302	503035.67348

```
#每月销售额/销量/利润额堆叠图
fig,axes = plt.subplots(1,3,figsize = (20,4))
data_sale_month['Sales'].plot.area(colormap = 'Accent_r',stacked=
False,ax=axes[0],title='销售额')
data_sale_month['Quantity'].plot.area(colormap = 'Accent_r',stacked
=False,ax=axes[1], title='销量')
data_sale_month['Profit'].plot(colormap = 'Accent_r',ax=axes[2],
title='利润额')
```

运行结果：

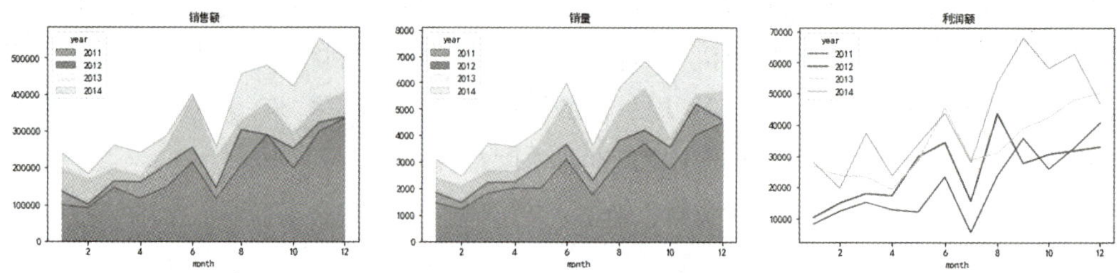

图 9-9　销售额、销售量、利润额堆叠图

从以上表格与图表（图 9-9）显示可以大致看出，该超市的销售季节性还是挺明显的，总体上半年是淡季，下半年是旺季，同时销售额和销量同比上一年均在提高。上半年中 6 月销售额/销量/利润额是比较高的，下半年中 7 月的销售额/销量/利润额是偏低的。

（1）对于旺季的月份，运营推广等策略要继续维持，还可以加大投入，提高整体销售额。

（2）对于淡季的月份，可以结合产品特点进行新产品拓展，举办一些促销活动等吸引客户。

接下来看一下同比销售增长率。

```
data_sale_month['Sales'].pct_change(axis='columns').style.background_gradient(cmap='Greens', axis =1, low=0, high=1)
```

运行结果：

year month	2011	2012	2013	2014
1	nan	0.37293	0.466968	0.211273
2	nan	0.103224	0.663907	0.104698
3	nan	0.119796	0.217731	0.325022
4	nan	0.377507	0.103656	0.365833
5	nan	0.419974	0.250204	0.106456
6	nan	0.190199	0.547777	0.0134417
7	nan	0.257058	0.583497	0.125155
8	nan	0.460616	0.0770127	0.398415
9	nan	-0.00284372	0.299927	0.278977
10	nan	0.2706	0.159986	0.44089
11	nan	0.0834992	0.156355	0.484684
12	nan	0.0127218	0.198593	0.241043

从表格显示，第一，几乎所有的月份同比前一年都是增长的，只有2012年9月是负增长。这个需要结合当时运营情况来具体情况具体分析。第二，结合年度销售额增长率来看，每年月度销售额增长率超过年度增长率的月份分布，基本没有什么规律。第三，同比增长率目前来看，没有太大规律，这给下一年拆分业绩指标增加了一定难度。

但是会发现基本每个月都有同比增长率很高的（2012年的4月、5月、8月；2013年的1月、2月、6月、7月、9月；2014年的3月、4月、8月、10月、11月、12月），说明对于每个月的经营提高策略都有一定的把握了，后续经营会更加顺手。

二、员工离职原因的分析案例

学习了Numpy、pandas、matplotlib几个包的使用，我们着手准备人力资源分析项目①。在该项目中要做的是，分析为何公司的好员工过早离职？哪些因素对员工的离职产生了大的影响？

（一）导入数据

首先打入整理数据和数据可视化的包：

```
import pandas as pd
import numpy as np
import seaborn as sns
import matplotlib.pyplot as plt
% matplotlib inline

plt.rcParams['font.sans-serif']=['SimHei']   #显示正常中文标签
plt.rcParams['axes.unicode_minus']=False
#导入数据到python中:
df=pd.read_csv('HRdata.csv')
```

（二）数据清洗

通常，清理数据需要大量的工作，并且可能是一个非常烦琐的过程。需要检查数据集，以确保所有其他内容都是可读的，并且观察值与特征名称适当地匹配。

1. 缺失值检查

```
df.isnull().any()
```

运行结果：

```
satisfaction_level       False
last_evaluation          False
number_project           False
average_montly_hours     False
```

① 引用自CSDN开发者社区，网址：https：//blog.csdn.net/weixin_29114331/article/details/112486641.

```
time_spend_company        False
Work_accident             False
left                      False
promotion_last_5years     False
sales                     False
salary                    False
dtype: bool
```

2. 重命名

```
df = df.rename(columns={'left':'left',
'satisfaction_level': 'satisfaction_level',
                   'last_evaluation': 'last_evaluation',
                   'number_project': 'number_project',
                   'average_montly_hours': 'average_montly_hours',
                   'time_spend_company': 'time_spend_company',
                   'Work_accident': 'Work_accident',
                   'promotion_last_5years': 'promotion',
                   'sales':'department',
                   'salary ':'salary '
                   })
```

我们主要分析企业各种因素对员工离职影响，为方便数据分析，把 left 列移到表的前面，方便进行统计、计算。

```
df=df[['left','satisfaction_level','last_evaluation','number_pro-
ject','average_montly_hours','time_spend_company','Work_accident',
'promotion','department', 'salary']]
```

3. 数据形状和结构

```
df.shape
```

运行结果：

```
(14999, 10)
df.dtypes
```

运行结果：

```
left                     int64
satisfaction_level       float64
last_evaluation          float64
number_project           int64
average_montly_hours     int64
```

```
time_spend_company        int64
Work_accident             int64
promotion                 int64
salary                    int64
dtype: object
```

整理好后，对数据变量进行说明。

1. left：是否离职；
2. satisfaction_level：满意度；
3. last_evaluation：绩效评估；
4. number_project：完成项目数；
5. average_montly_hours：平均每月工作时间；
6. time_spend_company：为公司服务的年限；
7. work_accident：是否有工作事故；
8. promotion：过去5年是否有升职；
9. salary：薪资水平。

根据统计数据计算离职率。

```
left_rate=df.left.value_counts()/14999
plt.pie(left_rate, labels=['在职','离职'], autopct = '% 1.2f% % ')
```

运行结果：

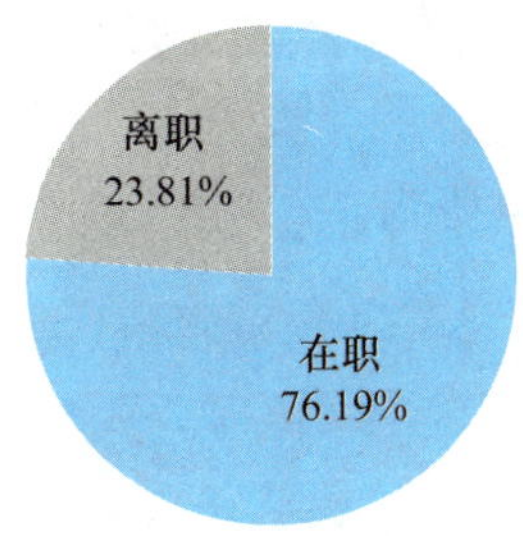

图9-10 离职人员比例

通过计算，我们可以看出（图9-10），离职人员占23.81%，在职人员占76.19%，离职人员占比将近四分之一。

（三）数据分析

1. 初步分析

首先对left列进行聚合运算，描述性分析。

```
left_summary=df.groupby('left')
left_summary.mean()
format=lambda x: '% .2f'% x
df1=df.describe().applymap(format)
```

	left	satisfaction_level	last_evaluation	number_project	average_montly_hours	time_spend_company	Work_accident	promotion
count	14999.00	14999.00	14999.00	14999.00	14999.00	14999.00	14999.00	14999.00
mean	0.24	0.61	0.72	3.80	201.05	3.50	0.14	0.02
std	0.43	0.25	0.17	1.23	49.94	1.46	0.35	0.14
min	0.00	0.09	0.36	2.00	96.00	2.00	0.00	0.00
25%	0.00	0.44	0.56	3.00	156.00	3.00	0.00	0.00
50%	0.00	0.64	0.72	4.00	200.00	3.00	0.00	0.00
75%	0.00	0.82	0.87	5.00	245.00	4.00	0.00	0.00
max	1.00	1.00	1.00	7.00	310.00	10.00	1.00	1.00

通过分析，可以看到最大值、最小值、平均数、标准差、中位数等基本的描述性统计指标。

2. 相关性分析

```
corr=df.corr()
sns.heatmap(corr, annot=True)
plt.title('Heatmap of Correlation Matrix')
```

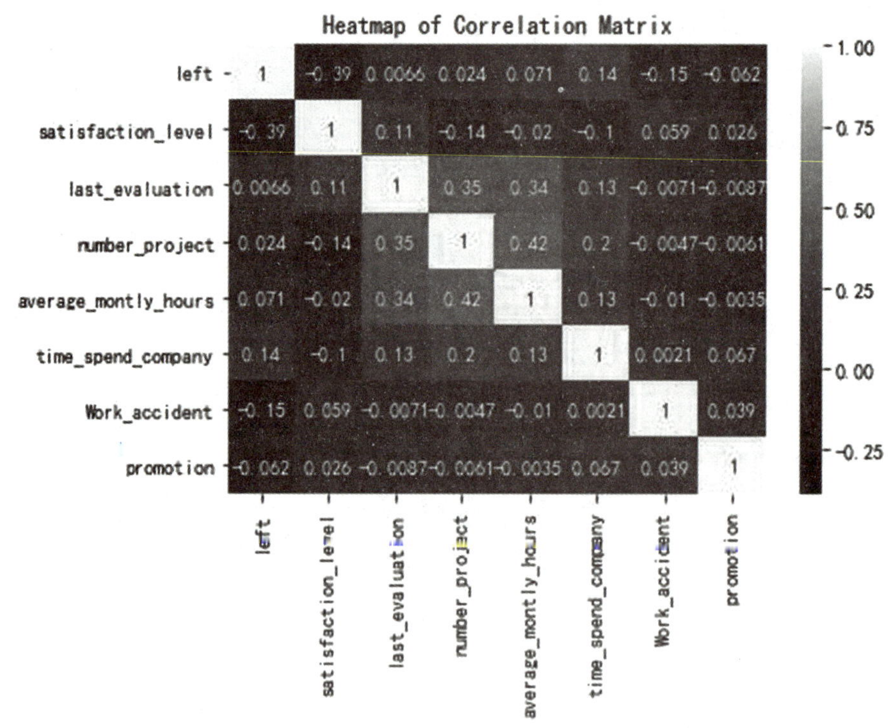

图 9-11　离职人员相关性分析

从图 9-11 看，有大的正（+）相关性的有，完成项目数（number_project）和平均月度工作时间（average_montly_hours），它们分别和绩效评估有较大的正相关，这可能意味着花了更多时间和做了更多项目的员工得到了高度评价。但是，绩效评估与响应变量转换之间几乎没有相关关系，也就是说绩效评估的高度评价没有转换到薪资水平和升职上来，只是得到了好的评价而已。对于负（-）关系，离职率、满意度和薪水是高度相关的。我们假设员工在不太满意投入产出比的情况下往往会离开公司。

3. 相关数据与员工离职对比分析

（1）salary vs left（薪资水平）

```
##salary vs left
df['left']=df['left'].astype(object)
df['left']=df['left'].apply(str)
df['left']=df['left'].str.replace('0','在职')
df['left']=df['left'].str.replace('1','离职')
salary_left_table=pd.crosstab(index=df['salary'],columns=df
['left'])
salary_left_table.plot(kind='bar',figsize=(5,5),stacked=True)
```

运行结果：

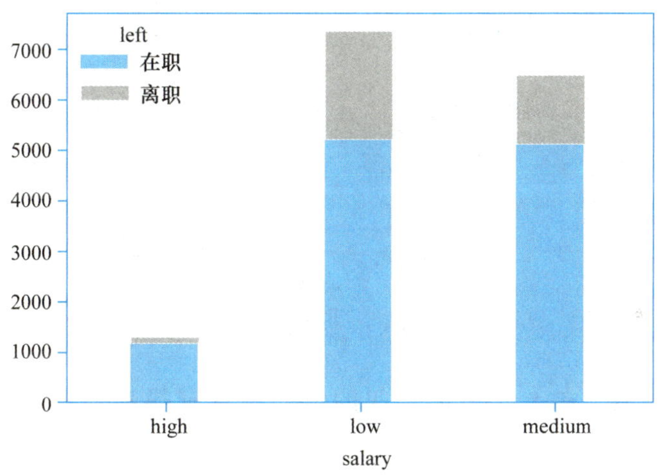

图 9-12 离职与薪资水平

通过分析，很直观地看出，离职的员工薪资几乎都在低到中等水平，很少有高薪的员工离开公司（图 9-12）。

（2）promotion vs left（过去 5 年是否有升职）

```
##promotion vs left
df['promotion']=df['promotion'].astype(object)
df['promotion']=df['promotion'].apply(str)
df['promotion']=df['promotion'].str.replace('0','过去5年无升职')
```

```
df['promotion']=df['promotion'].str.replace('1','过去5年有升职')
promotion_left_table=pd.crosstab(index=df['promotion'],columns=df
['left'])
promotion_left_table.plot.bar(rot=0)
promotion_left_table
```

运行结果：

```
left            在职      离职
promotion
过去5年无升职    11128     3552
过去5年有升职    300       19
```

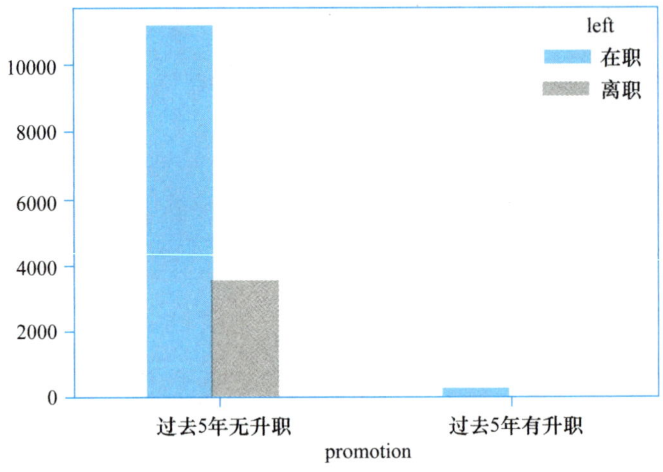

图 9-13　离职与升职

从分析结果来看，在 5 年之内离职的员工中没有得到提升的员工比例比较高（图 9-13）。

（3）number_ project vs left（完成项目数）

```
##number_project vs left
project_left_table=pd.crosstab(index=df['number_project'],columns
=df['left'])
fig,axes = plt.subplots(1,2,figsize = (10,5))
project_left_table.plot(kind='bar',stacked=True,ax=axes[0],)
df.loc[(df['left']=='离职'),'number_project'].plot(kind='hist',
normed=1,bins=15,stacked=False,alpha=1,ax=axes[1])
```

运行结果：

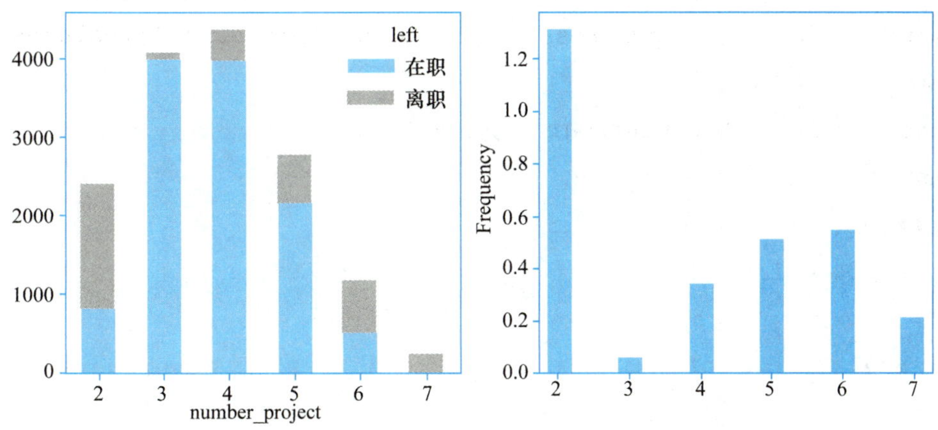

图 9-14 离职人员工作项目分布

从分析结果显示，超过一半的员工只干了 2 个项目就离开了公司，但同样有干了 4~7 个项目的员工离开。干了 2 个项目时离职频率最高。我们可以猜测一下，也许这意味着，项目数量在 2 或更少时员工工作不够，或者没有被高度重视，从而离开了公司。干了 3 个项目时员工离职率最低，可能员工对工作量认可度比较高。6 个项目以上可能员工会过度劳累，从而离开公司（图 9-14）。

（4）time_spend_company vs left（为公司服务的年限）

```
##time_spend_company vs left
company_left_table=pd.crosstab(index=df['time_spend_company'],col-
umns=df['left'])
company_left_table.plot(kind='bar',figsize=(5,5),stacked=True)
```

运行结果：

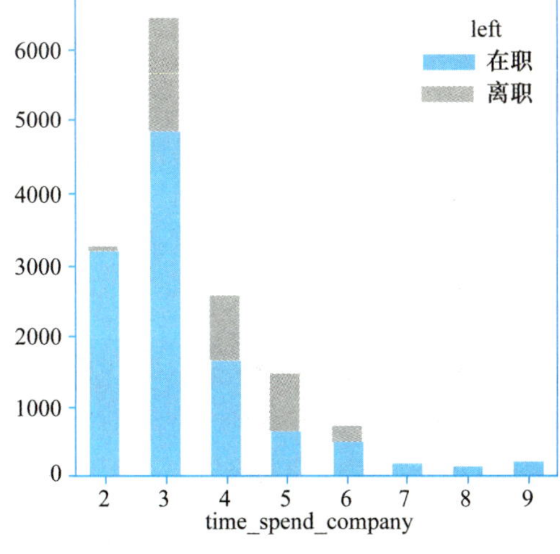

图 9-15 离职人员工作年限分布

从结果显示，在公司工作 7~10 年的员工很少人离开（图 9-15）。

（5）average_ montly_ hours vs left（平均每月工作时间）

```
##average_montly_hours vs left
hours_left_table=pd.crosstab(index=df['average_montly_hours'],col-
umns=df['left'])
fig=plt.figure(figsize=(10,5))
letf=sns.kdeplot(df.loc[(df['left']=='在职'),'average_montly_
hours'],color='b',shade=True,label='在职')
left=sns.kdeplot(df.loc[(df['left']=='离职'),'average_montly_
hours'],color='r',shade=True,label='离职')
```

运行结果：

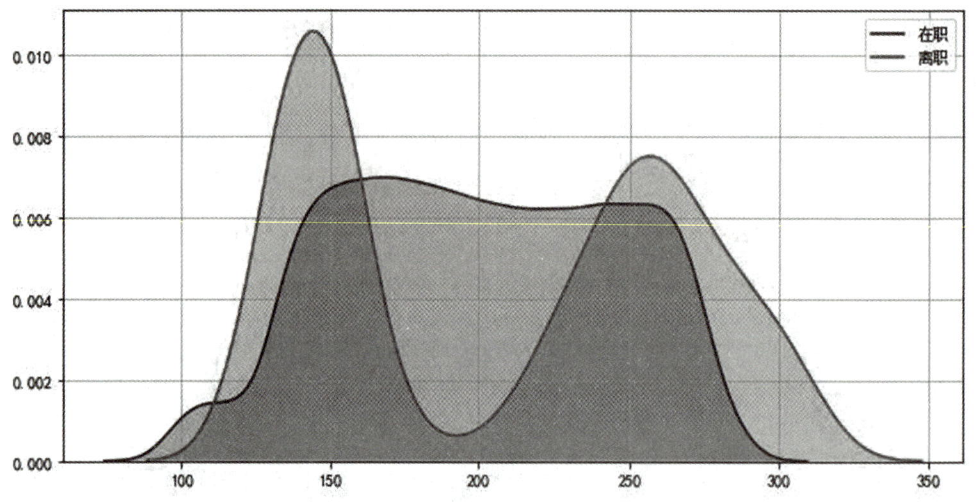

图 9-16 离职人员劳动时间分布

从分析结果来看，离职员工月均工作时间呈很明显的双峰分布，说明员工平均每月工作时间少的（低于 150 小时）和工作时间多的（高于 250 小时）的员工离职率最高。所以一般离开公司的员工要么工作时间少，工作量不饱和，要么工作量过高，劳动强度大（图 9-16）。

（6）last_ evaluation vs left（绩效评估）

```
##last_evaluation vs left
evaluation_left_table=pd.crosstab(index=df['last_evaluation'],col-
umns=df['left'])
fig=plt.figure(figsize=(10,5))
```

```
letf=sns.kdeplot(df.loc[(df['left']=='在职'),'last_evaluation'],
color='b',shade=True,label='在职')
left=sns.kdeplot(df.loc[(df['left']=='离职'),'last_evaluation'],
color='r',shade=True,label='离职')
plt.grid(True)
```

运行结果:

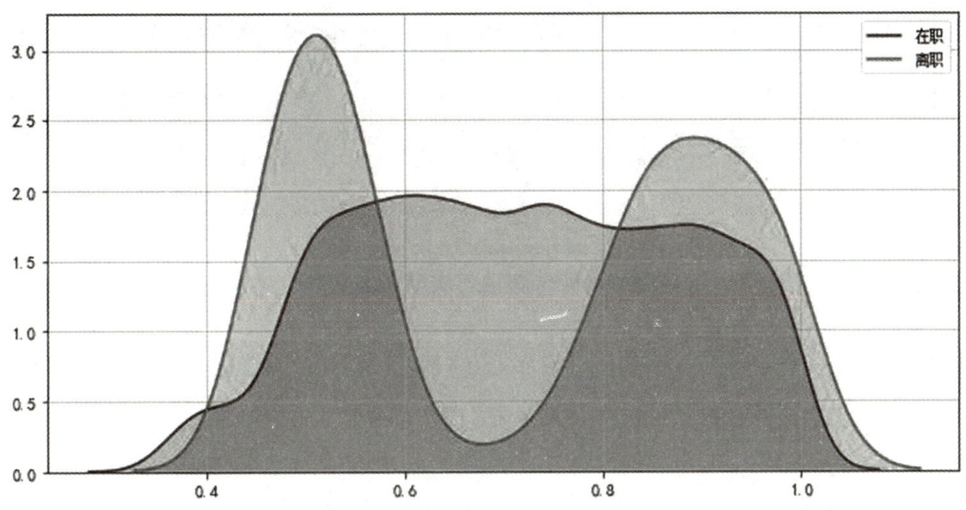

图 9-17 离职人员薪资分布

这又是一个双峰分布，0.6~0.8 之间有比较好的员工留职，表现糟糕的和表现出色的出现了离职的两个峰值。为什么这些在公司效绩评估较高的员工会选择离职？效绩评估出色的员工，公司是不是没有相应的转化到升职和薪资上（图 9-17）？

（7）satisfaction_ level vs left（满意度）

```
##satisfaction_level vs left
satis_left_table=pd.crosstab(index=df['satisfaction_level'],
columns=df['left'])
fig=plt.figure(figsize=(10,5))
left=sns.kdeplot(df.loc[(df['left']=='在职'),'satisfaction_level
'],color='b',shade=True,label='在职')
left=sns.kdeplot(df.loc[(df['left']=='离职'),'satisfaction_level
'],color='r',shade=True,label='离职')
plt.grid(True)
```

运行结果：

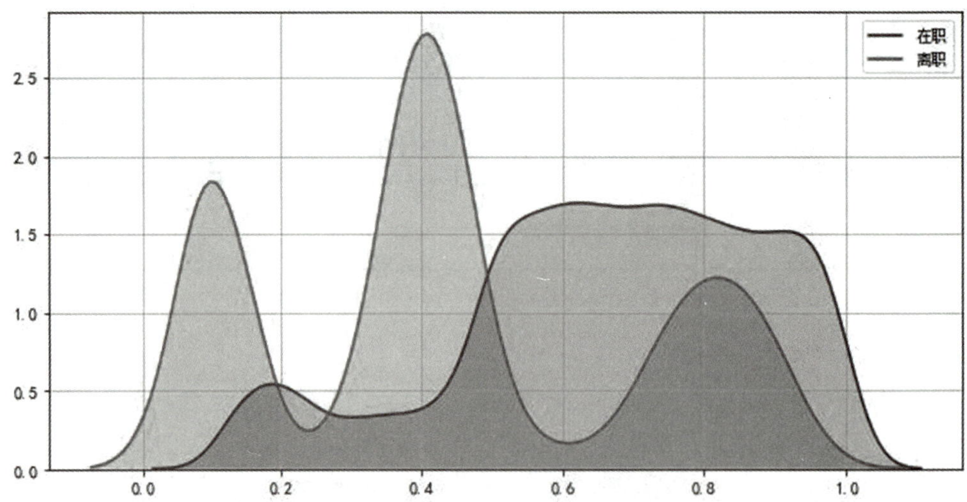

图 9-18　离职人员满意度分析

分析结果出现了三个峰值，满意度低于 0.1 的员工基本离职，满意度在 0.3~0.5 之间离开的员工又达到一个峰值，满意度在 0.8 左右时，又出现了一个峰值，这些是满意度较高的员工，这些员工可能找到了更好的工作机会，离职应该不是对公司不满。而在职人员的满意度普遍都比较高，那么可以思考，为什么满意度较高的员工会离职（图 9-18）？

（8）last_ evaluation vs satisfaction_level（绩效评估与满意度）

```
##last_evaluation vs satisfaction_level
df1=df[df['left']=='离职']
fig, ax = plt.subplots(figsize=(10,10))
pd.scatter_matrix(df1[['satisfaction_level','last_evaluation']],
color='k',ax=ax)
plt.savefig('scatter.png',dpi=1000,bbox_inches='tight')
```

运行结果：

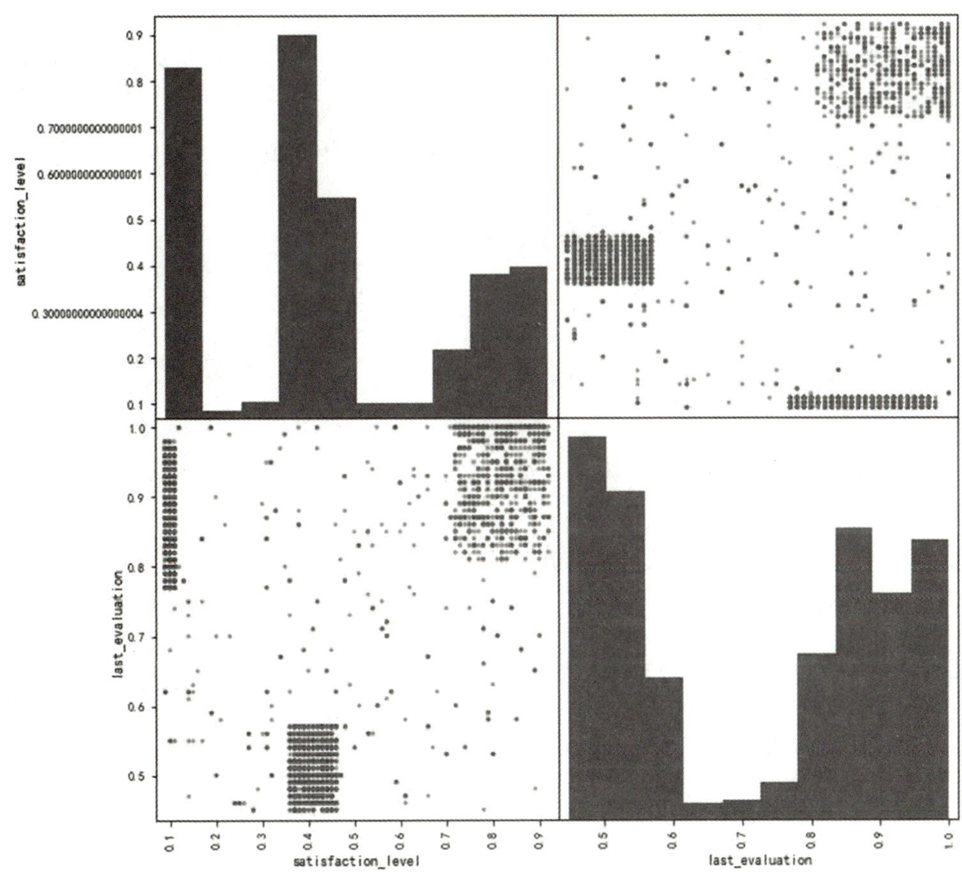

图 9-19 绩效评估与满意度分布

在绩效评估与满意度的散射矩阵中（图 9-19），可以看到有三个不同的集群。

集群 1：满意度低于 0.2，绩效评估大于 0.75。这可以很好地表明离开公司的员工都是好员工，但对自己的工作感到不满意。这个集群应该代表着“过度劳累”的员工。

集群 2：满意度在 0.35~0.45 之间，绩效评估在 0.58 以下。这可以被看作雇员受到了不太好的评价，这可能意味着这些员工表现不好，所以员工自己的满意度也不高。这个集群代表着表现不佳的员工。

集群 3：满意度在 0.7~1 之间，评价大于 0.8。这可能意味着这个集群的员工是最理想的，他们热爱自己的工作，公司对他们的表现评价很高。这个类别的员工离开可能是因为他们找到了另一个工作机会。

4. 分析总结

根据上述分析，我们可以读出员工离职的主要原因有：

（1）因工作时间离职大部分是工作约 6h/天或者 10h/天；

（2）大部分离职员工薪资都在中、低这一档，薪资水平偏低；

（3）离职员工几乎都没有得到升职；

（4）大多数离职员工的工作绩效评价分数在 0.6 以下和 0.8 以上；

（5）离职员工大多数有 2 个工作项目，但同样有 4~7 个项目的员工离开，3 个项目的员工离职率最低；

（6）完成项目数、每月平均工作时间、绩效评估有正相关关系，意味着工作越多，得到的评价就越高；

（7）离职率、满意度与薪酬呈负相关关系，这意味着较低的满意度和工资产生了较高的离职率。

经过以上分析，可以有针对性地解决公司人员离职问题，减少人才流失，例如：

审视公司升职考核制度，改善公司工作环境，提供有竞争力的薪酬和福利，及时鼓励和认可员工的努力和工作成绩；

向员工展示一条清晰的职业道路，使他们有方向感和目标感，让员工知道他们努力的方向；

可以为员工提供培训机会，给他们机会学习新技能；

可以通过多种方式提供灵活性，例如弹性工作制，灵活的打卡时间、午餐时间等。

三、岗位薪资可视化分析案例

（一）项目说明以及流程概要

对某网站招聘财务人员的信息进行分析，分析数据包括职位需求、城市、发展前景及薪水水平等信息①。可以分析如下问题。

去哪个城市工作机会多？统计不同城市的职位数量并进行排序；

发展前途如何？对于工作年限的要求分布情况；

薪酬水平如何？统计平均薪酬，以及工作年限与薪酬水平的关系等。

1. 爬取网站：智联招聘（https：//sou. zhaopin. com/）。

2. 爬取城市：共 12 个，上海、北京、广州、深圳、天津、武汉、西安、成都、南京、杭州、重庆、厦门。

3. 主要用到的 Python 库：requests、BeautifulSoup、pandas、matplotlib、seaborn。

（二）爬取网站数据

1. 流程概要

根据 url 和相关参数获取网页的 html，对 html 解析后正则提取我们需要的标签信息，爬取网站数据最终以 dataframe 二维表形式保存为 csv 文件。其中要注意的是，智联招聘在未登录状态下无法爬取职位数据，于是我们可以先登录网站，然后在浏览器开发者模式下找到需求头信息（Request Headers），复制下来后通过 copy headers 库转换为字典后加入

① 引用自博客园，网址：https：//www. cnblogs. com/gc2770/p/14982281. html.

requests 请求的 headers 参数中。

2. 参考代码

```
#! /usr/bin/python3
# -* - coding: utf-8 -* -

import requests
import re
from copyheaders import headers_raw_to_dict
from bs4 import BeautifulSoup
import pandas as pd

#根据 url 和参数获取网页的 HTML:

def get_html(url, params):

    my_headers = b'''
    accept: text/html,application/xhtml+xml,application/xml;q=0.9,
image/avif,image/webp,image/apng,* /* ;q=0.8,application/signed-
exchange;v=b3;q=0.9
    accept-language: zh-CN,zh;q=0.9
    cache-control: max-age=0
    cookie: _zap=8b833796-7486-4a5f-83c6-01faa42acc26;d_c0="ABCS-
FMEWdxKPTj9sWfxFvR_J01zNY4wBij0=|1610009565";_9755xjdesxxd_=32;
YD00517437729195%3AWM_TID=bxtj1DvZ4gNAQRQEBUc6wrnClGcdjmak;_xsrf=
h1egfeqsCkrOEeAKXsZfnsfjpmRBeydS;YD00517437729195%3AWM_NI=9Yc1%
2F3lIrdMVBYXZN9ykRGlqcN6%2BJ%2B6aDkG5aMxJhPoMAAm%2FZ4AmZjUtmjh EHq
REAPIb9GCA%2FcDEX%2FQEqEjAF97wiVAgt4laky4ABWAXwUyab0mh9Nyfv OkU9c
sH9flSWmU%3D;YD00517437729195%3AWM_NIKE=9ca17ae2e6ffcda170e2e6
eeb0c7408399a0b6d32198ac8fb2c44b878a9bbbb67ea9bf0087d24aadf1b7b8
ce2af0fea7c3b92afb87add2ae39b097be85d05e828798bbcd33bbb59ea8ef7ba
192faccc921f6bf8c8cc63fa393b8abeb5cad938fa2f0259aec8f8ed96297aca3
8beb4f8caf9ea6c45c8bbef7a8c24bedbd8ca6db25939bbfa6e94b86e7f998ec
5e83b9bcd5ef6ba9a7fca2c15d8388b9b6fc6ba2f0a389bc46bbbabab0ea5ffbb
dbda9bc6eb08d998ed837e2a3;gdxidpyhxdE=7MOE7zfNIo5yb%5CC%2F4TWM4r
```

```
tbVoMZPUqMDdJjZjmPyCEXx6dIuPKC4k2bl5IzeSnN1%5CGvMD1naypNSGO3YsKI
0oEXb7hsmdxj6XfDQhW7pA55HPpi0LrkqH1to5% 5CyMYwKcfOuJRKjbwnc% 2FZf6m
YgcXQfkZGNDXsuY0qER%5CZ44TK45PTRM%3A1645450746484;z_c0="2 |1:0 |10:
1645449930 |4:z_c0 |92:Mi4xOGZub0xBQUFBQUFBRUpJVXdSWjNFaVlBQUFCZ0Fs
Vk55ZUFBWXdCQlFaNHVVbEplYlQzLUUzWkNhaE1lMmE1LVh3 |5b124bbb33420db9f
23371ab66da274b696c249391745fe8caf8c72a06a7d940";q_c1=b5a479e8a77
a401e91c09fef70fe7835 |1645449930000 |1645449930000;Hm_lvt_98beee57f
d2ef70ccdd5ca52b9740c49=1658802554;SESSIONID=hUodYrLExP9XDfSYcg
FITQFrISioO2RaBEP1QJvf99g;JOID=U1kVAk0hTXaaT2QHCyCaqgMOrBIZSRkY-
REWSk9eHU7DDAVUU3MBi_hIZQcNi1tq1E7PwwYH1WTMwI5WY3T0qoo=;osd=VVEW
B04nRXWfTGIPCCWZrAsNqREfQRod-hceSUpdG0bACQZSW3AEiP5AZgIOjVNp0U3Jy
wUC1mLEw4tVZXz3r4k=;tst=r;Hm_lpvt_98beee57fd2ef70ccdd5ca52b9740
c49=1660874302;KLBRSID=fe0fceb358d671fa6cc33898c8c48b48 |166087
4303 |1660872468;NOT_UNREGISTER_WAITING=1
    sec-ch-ua: "Google Chrome";v="89", "Chromium";v="89", ";Not A
Brand";v="99"
    sec-ch-ua-mobile: ? 0
    sec-fetch-dest: document
    sec-fetch-mode: navigate
    sec-fetch-site: same-origin
    sec-fetch-user: ? 1
    upgrade-insecure-requests: 1
    user-agent: Mozilla/5.0 (Macintosh; Intel Mac OS X 11_2_3) Ap-
pleWebKit/537.36 (KHTML, like Gecko) Chrome/89.0.4389.90 Safari/
537.36
    '''
    my_headers = headers_raw_to_dict(my_headers)   # 把复制的浏览器请求
头转化为字典形式
    req = requests.get(url, headers=my_headers, params=params)
    req.encoding = req.apparent_encoding
    html = req.text

return html
```

```
#输入 url 和城市编号,获取由所有职位信息的 html 标签的字符串组成的列表:

def get_html_list(url, city_num):
    html_list = list()

    for i in range(1, 12):
        params = {'jl': str(city_num), 'kw': '财务', 'p': str(i)}
        html = get_html(url, params)
        soup = BeautifulSoup(html, 'html.parser')
        html_list += soup.find_all(name='a', attrs={'class':
'joblist-box__iteminfo iteminfo'})

    for i in range(len(html_list)):
        html_list[i] = str(html_list[i])

    return html_list

#根据上面的 HTML 标签列表,把每个职位信息的有效数据提取出来,保存 csv 文件:

def get_csv(html_list):

    # city = position = company_name = company_size = company_type =
salary = education = ability = experience = evaluation = list()  #
    #上面赋值方法在这里是错误的,它会让每个变量指向同一内存地址,如果改变其中
一个变量,其他变量会同时发生改变

    # table = pd.DataFrame(columns = ['城市','职位名称','公司名称','公
司规模','公司类型','薪资','学历要求','技能要求','工作经验要求'])
    city, position, company_name, company_size, company_type, salary,
education, ability, experience = ([] for i in range(9))  #多变量一次赋值

    for i in html_list:

        if re.search(
```

```
                '<li class="iteminfo__line2__jobdesc__demand__item">
(.*?)</li> <li class="iteminfo__line2__jobdesc__demand__item">(.
*?)</li> <li class="iteminfo__line2__jobdesc__demand__item">(.*?)
</li>',
                i):
            s = re.search(
                '<li class="iteminfo__line2__jobdesc__demand__item">
(.*?)</li> <li class="iteminfo__line2__jobdesc__demand__item">(.
*?)</li> <li class="iteminfo__line2__jobdesc__demand__item">(.*?)
</li>',
                i).group(1)
            city.append(s)
            s = re.search(
                '<li class="iteminfo__line2__jobdesc__demand__item">
(.*?)</li> <li class="iteminfo__line2__jobdesc__demand__item">(.
*?)</li> <li class="iteminfo__line2__jobdesc__demand__item">(.*?)
</li>',
                i).group(2)
            experience.append(s)
            s = re.search(
                '<li class="iteminfo__line2__jobdesc__demand__item">
(.*?)</li> <li class="iteminfo__line2__jobdesc__demand__item">(.
*?)</li> <li class="iteminfo__line2__jobdesc__demand__item">(.*?)
</li>',
                i).group(3)
            education.append(s)
        else:
            city.append('')
            experience.append('')
            education.append('')

        if re.search('<span class="iteminfo__line1__jobname__name"
title="(.*?)">', i):
            s = re.search('<span class="iteminfo__line1__jobname__
name" title="(.*?)">', i).group(1)
```

```
            position.append(s)
        else:
            position.append('')

        if re.search('<span class="iteminfo__line1__compname__name"
title="(.* ?)">', i):
            s = re.search('<span class="iteminfo__line1__compname__
name" title="(.* ?)">', i).group(1)
            company_name.append(s)
        else:
            company_name.append('')

        if re.search(
                '<span class="iteminfo__line2__compdesc__item">(.* ?)
</span> <span class="iteminfo__line2__compdesc__item">(.* ?) </span>',
                i):
            s = re.search(
                '<span class="iteminfo__line2__compdesc__item">(.* ?)
</span> <span class="iteminfo__line2__compdesc__item">(.* ?) </span>',
                i).group(1)
            company_type.append(s)
            s = re.search(
                '<span class="iteminfo__line2__compdesc__item">(.* ?)
</span> <span class="iteminfo__line2__compdesc__item">(.* ?) </span>',
                i).group(2)
            company_size.append(s)
        else:
            company_type.append('')
            company_size.append('')

        if re.search('<p class="iteminfo__line2__jobdesc__salary">
([\s\S]* ?)<', i):
            s = re.search('<p class="iteminfo__line2__jobdesc__
salary">([\s\S]* ?)<', i).group(1)
            s = s.strip()
```

```
            salary.append(s)
        else:
            salary.append('')

        s = str()
        l = re.findall('<div class="iteminfo__line3__welfare__item"
>.* ? </div>', i)
        for i in l:
            s = s + re.search('<div class="iteminfo__line3__welfare__
item">(.* ?)</div>', i).group(1) + ''
        ability.append(s)

    table = list(zip(city, position, company_name, company_size, com-
pany_type, salary, education, ability, experience))

    return table

if __name__ == '__main__':

    url = 'https://sou.zhaopin.com/'
    citys = {'上海':538, '北京':530, '广州':763, '深圳':765, '天津':531,
'武汉':736, '西安':854, '成都':801, '南京':635, '杭州':653, '重庆':551,
'厦门':682}
    for i in citys.keys():
        html_list = get_html_list(url, citys[i])
        table = get_csv(html_list)
        df = pd.DataFrame(table, columns=['city', 'position',
'company_name', 'company_size', 'company_type', 'salary',
                                'education', 'ability', 'experience'])
        file_name = i + '.csv'
        df.to_csv(file_name)
```

3. 运行结果

	city	position	company_name	company_size	company_type	salary	education	ability
0	上海-浦东新区	财务经理	上海沃为实业有限公司	20-99人	民营	12500.0	大专	财务报表 财务管理 速达
1	上海	财务主管	上海纳觅财务咨询有限公司	1000-9999人	民营	11000.0	本科	财务管理 中级会计师 总账
2	上海	财务经理	上海植木财务咨询有限公司	20-99人	民营	22500.0	大专	税务管理 中级会计师 总账
3	上海	财务会计	上海亿城财务咨询有限公司	20-99人	民营	8000.0	本科	金蝶软件 用友软件
4	上海-黄浦区	日语财务实习生	上海奥特睦财务咨询有限公司	20-99人	民营	145.0	本科	会计 日语翻译
5	上海-普陀区	财务经理（坐标长寿路，要求必备CPA）	上海派盛财务咨询有限公司	20-99人	外商独资	12500.0	本科	共享服务中心 中级会计师 税务管理 财务管理 金蝶软件 财
6	上海-静安区	财务助理+周末双休+五险一金+静安	安徽锐卓财务咨询有限公司	20-99人	合资	6000.0	本科	会计初级职称 应届生 财务 会计从业资格证
7	上海-嘉定区	财务助理	上海君域财务咨询有限公司	20-99人	民营	7500.0	大专	财务 税务 审计 项目
8	上海-宝山区	8小时班宝山区招财务外勤加双休	上海晓账财务咨询有限公司	100-299人	民营	16000.0	大专	税务咨询 税务稽查 税务核算 税务登记 税务申报
9	上海-徐汇区	财务会计	上海榕棣财务咨询中心	20人以下	民营	8500.0	大专	审计 总账会计
10	上海-嘉定区	财务咨询顾问	上海君域财务咨询有限公司	20-99人	民营	7500.0	大专	税务 财务 审计 项目 顾问
11	上海-闵行区	财务助理+周末双休+闵行	安徽锐卓财务咨询有限公司	20-99人	合资	6000.0	大专	会计初级职称 会计核算 金蝶 用友
12	上海-嘉定区	财务（代账）	联贝财务咨询集团股份有限公司	20-99人	民营	10000.0	大专	会计初级职称 会计核算 财务分析 审计 税务管理 会计中级
13	上海	8小时班宝山招财务经理/总监加提成	上海晓账财务咨询有限公司	100-299人	民营	45000.0	大专	风险管理 成本管理 财务分析 财务规划 财务预算 账务管理
14	上海	财务顾问	上海广源信得财务顾问有限公司	20人以下	民营	10000.0	大专	财务咨询 财务分析 税务筹划 会计初级职称 工商代办 代理
15	上海-松江区	财务助理+周末双休+五险一金+松江	安徽锐卓财务咨询有限公司	20-99人	合资	6000.0	大专	会计初级职称 应届生 财务 会计从业资格证
16	上海-闵行区	财务主管	上海佐晟财务管理有限公司			13500.0	大专	会计核算 审计 财务分析 税务管理 成本管理 会计中级职称
17	上海	财务助理	上海瑞鑫财务咨询有限公司	100-299人	民营	8000.0	大专	会计初级职称 用友 金蝶
18	上海-黄浦区	财务实习生	上海唐朝财务咨询有限公司	100-299人	民营	135.0	大专	出纳 会计核算 财务分析

（三）数据结果的可视化分析

1. 流程概要

先对数据结果进行清洗。salary 属性下的字段都是类似于“0.8 万~1.5 万”这种无法进行后续统计和处理的字符串，我们需要将其全部修改为数值结果从而方便后续处理。使用 pandas 和 re（正则表达式）把每个字段的薪资统一处理成范围的中间值。最后，使用 matplotlib 和 seaborn 进行数据可视化，得到结果如下图（参见图 9-20~图 9-22）。

2. 参考代码

```
import matplotlib.pyplot as plt
import numpy as np
import pandas as pd
plt.rcParams['font.sans-serif'] = ['SimHei']        #指定默认字体:解决plot 不能显示中文问题
plt.rcParams['axes.unicode_minus'] = False        #解决保存图像是负号'-'显示为方块的问题
import re
import os
import seaborn as sns
from wordcloud import WordCloud
citys = ['上海', '北京', '广州', '深圳', '天津', '武汉', '西安', '成都', '南京', '杭州', '重庆', '厦门']
```

```
#数据清洗:
def data_clear():

    for i in citys:
        file_name = './'+ i + '.csv'
        df = pd.read_csv(file_name, index_col = 0 ,engine='python',
encoding='utf-8')
        for i in range(0, df.shape[0]):
            s = df.loc[[i],['salary']].values.tolist()[0][0]
            if re.search('(.*)-(.*)',s):
                a = re.search('(.*)-(.*)', s).group(1)
                if a[-1] == '千':
                    a = eval(a[0:-1])* 1000
                elif a[-1] == '万':
                    a = eval(a[0:-1])* 10000
                b = re.search('(.*)-(.*)', s).group(2)
                if b[-1] == '千':
                    b = eval(b[0:-1])* 1000
                elif b[-1] == '万':
                    b = eval(b[0:-1])* 10000
                elif b[-1] =='天':
                    a = eval(a[0:])* 22
                    b = eval(b[0:-2])* 22
                elif b[-1] =='次':
                    df.loc[[i], ['salary']] = ''
                    continue
                s = (a + b) / 2
                df.loc[[i], ['salary']] = s
            else:
                df.loc[[i], ['salary']] = ''

        os.remove(file_name)
        df.to_csv(file_name,encoding='utf-8')
#不同城市薪资分布条形图:
def citys_salary():
```

```
    y = list()
    x = citys

    for i in citys:
        file_name = './'+ i + '.csv'
        df = pd.read_csv(file_name, index_col=0 ,engine='python',en-
coding='utf-8')
        y0 = df['salary'].mean()
        y.append(round(y0/1000, 1))

    df = pd.DataFrame(list(zip(x,y)))
    df = df.sort_values(1, ascending = False)
    x = list(df[0])
    y = list(df[1])

    fig = plt.figure(dpi=200)
    ax = fig.add_axes([0.1, 0.1, 0.8, 0.8])
    ax.bar(x, y, alpha = 0.8)
    ax.set_title('财务职位在一些主要城市的薪资分布(单位:千)')
    ax.set_ylim(5, 18)
    for a, b, label in zip(x, y, y):  #内置函数 zip():将几个列表合并为二维
列表并转置,返回一个特殊对象,可通过 list()列表化之后查看
        plt.text(a, b, label, horizontalalignment = 'center', fontsize
= 10)  # plt.text()函数:在图中(a,b)位置添加一个文字标签 label

    plt.savefig('./财务职位在一些主要城市的薪资分布.jpg')
    plt.show()

#财务岗位总体薪资的分布
def salary_distribute():
    salary_list = list()
    for i in citys:
        file_name = './'+ i + '.csv'
        df = pd.read_csv(file_name, index_col = 0 ,engine='python',
encoding='utf-8')
        salary_list += list(df['salary'])
```

```
    salarys = list()
    for i in range(len(salary_list)):
        if not pd.isnull(salary_list[i]):   #由于该列表是从 pandas 中读出的数据,故不能用 if salary_list[i] == np.nan,会识别不出来
            salarys.append(round(salary_list[i]/1000, 1))
    mean = np.mean(salarys)

    plt.figure(dpi=200)
    sns.distplot(salarys, hist = True, kde = True, kde_kws={"color":"r", "lw":1.5, 'linestyle':'-'})
    plt.axvline(mean, color='r', linestyle=":")
    plt.text(mean, 0.01, '平均薪资: %.1f 千'% (mean), color='r', horizontalalignment = 'center', fontsize = 15)
    plt.xlim(0,50)
    plt.xlabel('薪资分布(单位:千)')
    plt.title('财务职位整体薪资分布')
    plt.savefig('./财务职位整体薪资分布.jpg')
    plt.show()

#财务职位对学历要求的分布
def education_distribute():

    table = pd.DataFrame()
    for i in citys:
        file_name = './'+ i + '.csv'
        df = pd.read_csv(file_name, index_col=0 ,engine='python',encoding='utf-8')
        table = pd.concat([table, df])
    table = pd.DataFrame(pd.value_counts(table['education']))
    table = table.sort_values(['education'], ascending = False)
    x = list(table.index)
    y = list(table['education'])
    print(x)

    fig = plt.figure(dpi=200)
    ax = fig.add_axes([0.1,0.1,0.8,0.8])
    explode = (0, 0, 0.2, 0.4, 0.6, 0.8)
```

```
    ax.axis('equal')
    ax.pie(y,labels = x,autopct='%.1f%%',explode=explode)    #autopct
显示每块饼的百分比属性且自定义格式化字符串,其中%%表示字符串%,类似正则
    ax.set_title('财务职位对学历要求的占比')
    ax.legend(x, loc = 1)
    plt.savefig('./财务职位对学历要求的占比.jpg')
    plt.show()

#技能关键词频统计
def wordfrequence():

    table = pd.DataFrame()
    for i in citys:
        file_name = './'+ i + '.csv'
        df = pd.read_csv(file_name, index_col=0 ,engine='python',en-
coding='utf-8')
        table = pd.concat([table, df])
    l1 = list(table['ability'])
    l2 = list()
    for i in range(len(l1)):
        if not pd.isnull(l1[i]):
            l2.append(l1[i])
    words = ''.join(l2)

    cloud = WordCloud(
        font_path='msyh.ttc',     #设置字体文件获取路径,默认字体不支持中文
        background_color='white',     #设置背景颜色  默认是black
        max_words=20,     #词云显示的最大词语数量
        random_state = 1,  #设置随机生成状态,即多少种配色方案
        collocations = False,     #是否包括词语之间的搭配,默认True,可能会
产生语意重复的词语
        width=1200, height=900        #设置大小,默认图片比较小,模糊
    ).generate(words)
    plt.figure(dpi=200)
```

```
    plt.imshow(cloud)           #该方法用来在 figure 对象上绘制传入图像数据参
数的图像
    plt.axis('off')       #设置词云图中无坐标轴
    plt.savefig("./技能关键词频统计.jpg")
    plt.show()

if __name__ == "__main__":

    data_clear()
    citys_salary()
    salary_distribute()
    wordfrequence()
```

3. 结果分析

(1) 12 个城市总体的薪资分布情况

从图 9-20 中可以看出，财务职位整体上薪资分布大致符合左偏态分布，薪资分布的密集区间在 8000~15000 元之间，而平均薪资 9800 元在整个财会行业中大致处于中等薪酬位置。

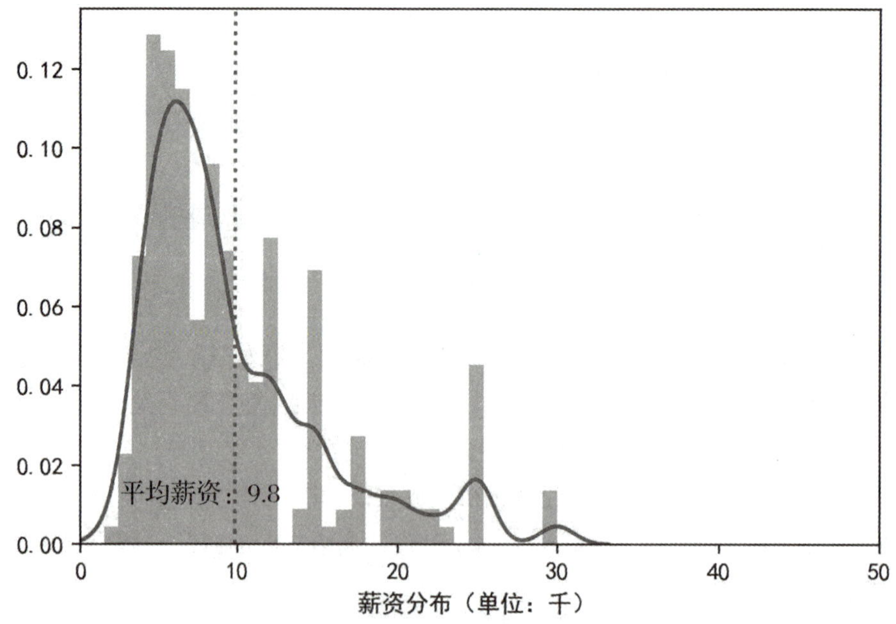

图 9-20 财务职位整体薪资分布

（2）不同城市的薪资分布情况

从图 9-21 中可以看出，在不同城市间的薪资分布大致与上面的职位数量分布相似，但出乎意料的是，广州被二线城市杭州、南京超越，这可能是由于杭州的阿里巴巴公司等以及南京的苏宁等这些大公司拉高了杭州和南京的薪资水平，也可能是爬取的智联招聘网站的数据样本有一定的局限性，具体原因有待进一步考查。

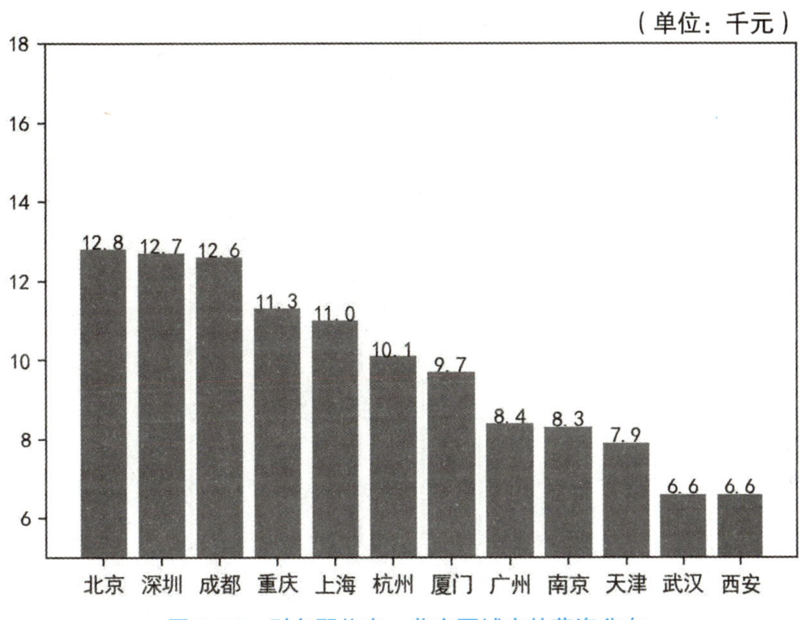

图 9-21 财务职位在一些主要城市的薪资分布

（3）招聘中对学历要求的分析

从图 9-22 中可以看出，本科占比最大，为 44.17%；其次是大专，为 42.08%；而其余学历加起来只占比 13.75%。因此，财务职位目前对于学历要求相对较低，适合于不打算读研的本科毕业生等人群。

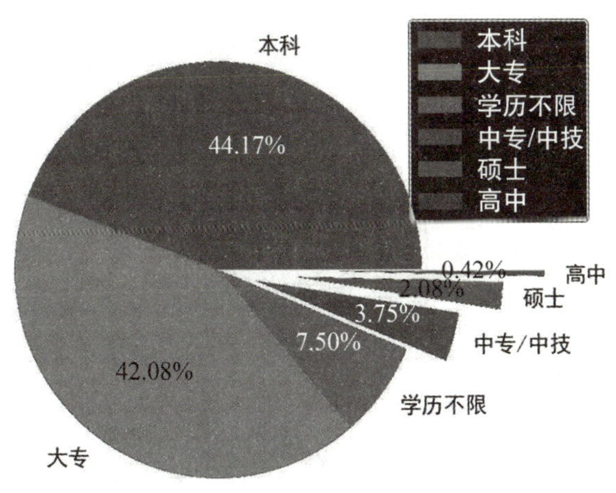

图 9-22 财务职位对学历要求的占比

（4）职位技能要求关键词频统计

可以看出，财务职位主要需求技能是 Python、SQL、数据挖掘、大数据、数据建模等，因此熟练掌握这些技能能够增加求职者的核心竞争力。

参考文献

[1] 王化成，刘俊彦，荆新．财务管理学［M］．北京：中国人民大学出版社，2021.

[2] 李树青，刘凌波．Python 大数据分析基础［M］. 上海：上海交通大学出版社，2021.

[3] 伯特·莱顿．Python 数据挖掘入门与实践［M］. 2 版．北京：人民邮电出版社，2020.

[4] 张莉 . Python 程序设计［M］. 北京：高等教育出版社，2019.

[5] Wes McKinney. 利用 Python 进行数据分析［M］．2 版．徐敬一，译．北京：机械工业出版社，2018.

[6] 余保国．基于 Python 的大数据分析基础及实战［M］. 北京：中国水利水电出版社，2018.

[7] Ryan Mitchell. Python 网络数据采集［M］. 陶俊杰，陈小莉，译．北京：人民邮电出版社，2016.

[8] Eric Mathes. Python 编程从入门到实践［M］. 袁国忠，译，北京：人民邮电出版社，2016.